U0535147

数据百案分析

ANALYSIS OF 100 CASES CONCERNING DATA ISSUES

中国数安港 编著

图书在版编目（CIP）数据

数据百案分析 / 中国数安港编著. -- 北京：法律出版社, 2025. -- ISBN 978-7-5244-0001-1

Ⅰ.D922.175

中国国家版本馆CIP数据核字第2025AV0616号

数据百案分析
SHUJU BAI'AN FENXI

中国数安港 编著

策划编辑 朱　峰
责任编辑 苗　婕
装帧设计 贾丹丹

出版发行	法律出版社	开本	710毫米×1000毫米　1/16
编辑统筹	辞书·融出版编辑部	印张	20　　字数　208千
责任校对	张翼羽　王晓萍	版本	2025年2月第1版
责任印制	吕亚莉	印次	2025年2月第1次印刷
经　　销	新华书店	印刷	三河市兴达印务有限公司

地址：北京市丰台区莲花池西里7号（100073）
网址：www.lawpress.com.cn
投稿邮箱：info@lawpress.com.cn
举报盗版邮箱：jbwq@lawpress.com.cn
版权所有·侵权必究

销售电话：010-83938349
客服电话：010-83938350
咨询电话：010-63939796

书号：ISBN 978-7-5244-0001-1　　　　　　　定价：50.00元

凡购买本社图书，如有印装错误，我社负责退换。电话：010-83938349

推 荐 语

《数据百案分析》汇聚了刑事、民事及行政领域百件数据合规案例的智慧结晶,并以企业需求为导向,减少法律术语,让合规建议更加接地气,为企业数据合规提供有力支持。

——刘树林 杭州钢铁集团有限公司副总经理

在数据合规的浪潮中,《数据百案分析》以其独特的视角和深度分析,通过百案解读,明确获罪边界,并将复杂的法律条文转化为具体的合规建议,为企业提供切实可行的合规方案,助力企业稳健发展。

——方毅 每日互动股份有限公司董事长兼总经理

从理论到实践,从模糊到清晰,从案例到行动,《数据百案分析》以百件案例为基石,构建起数据合规的坚实桥梁。它通过深度剖析案例并揭示合规本质,为企业提供了前瞻性的合规策略,引领数据产业合规新风尚。

——范渊 杭州安恒信息技术股份有限公司董事长

在数据产业如火如荼的探索之路上,《数据百案分析》通过分析、评估,形成了较为客观、公正、准确的分析报告,为企业提供了全方位的合规视角,无论是大型央国企还是上市公司均可收获些许启示,希望"数安、企安、人安"的理念能够指引志同道合者行稳致远。

——李浩川 浙江省大数据联合计算中心有限公司总经理

数据百案分析

　　《数据百案分析》不仅是对法律红线的清晰阐述,更是企业合规实践的指南针。通过深入剖析刑事、民事及行政领域的百件案件,为企业提供了可借鉴、可操作的合规策略,促进数据产业健康发展,共创安全未来。

——王冠　深圳数据交易所副总经理

　　在数据领域的浩瀚蓝海中,合规是企业航行的灯塔。《数据百案分析》精选百案,通过简化法律语言,让合规建议更加贴近企业实际,为企业提供清晰的合规指引,助力企业乘风破浪,安全前行。

——孔俊　浙江省大数据交易中心总经理

　　面对数据合规中的复杂挑战,《数据百案分析》犹如一把利剑,精准剖析百件案例,厘清合规边界。它通过减少专业术语,让合规问题不再晦涩难懂,不仅揭示企业获罪真相,更为企业提供实战指南,助力企业构建坚实的数据安全防线。

——应建敬　温州数据交易中心董事长

专家指导
（按姓氏笔画排序）

方　毅　申卫星　孙祥光　林　杰

参编单位

（排名不分先后）

温州市公安局

温州市司法局

温州市数据局

温州市瓯海区人民法院

温州市瓯海区人民检察院

温州市瓯海区数安港管理服务中心

浙江省大数据联合计算中心

每日互动股份有限公司

杭州钢铁集团有限公司

国浩律师（北京）事务所

北京中伦（杭州）律师事务所

上海兰迪（温州）律师事务所

浙江嘉瑞成律师事务所

参编成员
(按姓氏笔画排序)

王红燕	方钧亮	卢 靖	付映雪
刘丁灵	孙海芬	李小航	李 安
李 杰	李浩川	李颖莹	吴乐和
吴婷怡	邱腾岳	邹 拓	张钰坤
陆玲玲	陈 弦	陈 超	林志数
金俊州	郑益群	郝 凯	胡 静
徐晓芝	黄大鹏	梅盈碧	章灿坚
彭 婕	谢里淼	戴笑飞	

序　言

在数字化时代，数据的价值与潜力不断被挖掘和实现，也带来了数据安全、企业经营和个人隐私的挑战。为了应对这些挑战，中国数安港核心力量秉承"数安、企安、人安"的核心理念，精心合力编纂《数据百案分析》。《数据百案分析》是数据分析的案例宝库，更是企业家和个人行动的实用指南，旨在引导企业和个人在数据的海洋中稳健航行，确保数据的安全、企业的稳定和个人的安宁。

"数安"代表数据安全，是数字经济的基石。《数据百案分析》中通过深入分析典型案例，提供了策略和操作指南，帮助企业和个人识别和防范数据风险，保障数据的安全和隐私。

"企安"代表企业稳定，是经济发展的动力。《数据百案分析》强调了通过案例分析和专家建议，为企业提供防范法律风险、维护市场秩序的解决方案，促进企业的可持续发展。

"人安"代表个人安宁，是产业和谐的基础。《数据百案分析》关注个人信息保护，提倡尊重和保护公民的数据权利，通过法律教育和风险提示，增强公众的数据安全意识，保障企业家合法权益。

《数据百案分析》的编纂是一次跨领域、跨部门的合作，编委会成员包括法律专家、企业家、信息技术专家等，他们的专业知识和实践经验为本书的权威性和实用性提供了坚实保障。《数据百案分析》不仅系统梳理了数据分析的理论框架，且通过对100个典型案例的深入剖析，直观展示了数据合法与安全在现实世界中的必要性和多样性。

数据百案分析

　　《数据百案分析》中，我们特别强调了数据分析的实践意义。面对日益严峻的数据安全形势，企业家必须增强风险意识，采取有效措施，确保数据的合法、安全和合理使用。本书中的案例分析和专家建议，为企业家提供了一系列的策略和操作指南，帮助他们在复杂的数据环境中作出明智的决策，护航企业稳健发展。

　　展望未来，数据领域仍将面临技术的快速变革、法律法规的持续更新以及国际合作的不断深化等挑战。我们期待《数据百案分析》能够为相关领域的研究和实践提供有益的启示，同时希望激发更多的思考和讨论，共同推动数据事业的进步。

　　在此，我们感谢所有参与《数据百案分析》编写的编委会成员、专家和工作人员，是他们的辛勤工作和无私奉献，使本书得以问世。同时，我们也诚挚地邀请广大企业家和读者阅读本书，特别是其中的典型案例分析，它们不仅是数据合规领域的智慧结晶，也是我们共同面对未来挑战的宝贵财富。

　　本次编纂因领域前沿，时间紧迫，如有不当之处，请读者朋友不吝赐教，有则改之，无则加勉。

《数据百案分析》编委会

2024 年 11 月 1 日

简 称 表

全称	本书简称
《最高人民法院、最高人民检察院关于办理侵犯公民个人信息刑事案件适用法律若干问题的解释》	《侵犯公民个人信息刑事案件的解释》
《最高人民法院、最高人民检察院关于办理危害计算机信息系统安全刑事案件应用法律若干问题的解释》	《关于办理危害计算机信息系统安全刑事案件的解释》
《最高人民法院、最高人民检察院关于办理非法利用信息网络、帮助信息网络犯罪活动等刑事案件适用法律若干问题的解释》	"两高"司法解释
《最高人民法院、最高人民检察院关于办理利用信息网络实施诽谤等刑事案件适用法律若干问题的解释》	《利用信息网络实施诽谤等刑事案件的解释》
《全国人民代表大会常务委员会关于维护互联网安全的决定》	《网安维护决定》
《互联网信息服务管理办法》	《网信管理办法》

目 录
contents

刑事篇 | **一、侵犯公民个人信息罪** // 003

001 非法获取并利用公民个人信息构成犯罪
——刘某侵犯公民个人信息案 // 003

002 骚扰电话"长了眼",背后猫腻是个人信息的非法买卖
——A公司非法获取公民个人信息案 // 006

003 未经授权留存个人信息的刑事风险
——某公司非法获取公民个人信息案 // 009

004 警惕"内部人"把手伸向个人信息
——南通市某房产信息咨询网络有限公司等公司、沈某等人非法获取公民个人信息案 // 012

005 以偷逃税为目的非法购买收集个人信息得不偿失
——某公司侵犯公民个人信息案 // 015

006 "黑爬虫"串联信息贩卖"黑产"触碰法律红线
——某公司侵犯公民个人信息案 // 017

007 "内鬼"作祟,征信信息成牟利工具
——解某某、辛某某等侵犯公民个人信息案 // 019

008 利用AI电脑机器人非法获取个人信息
——史某某、霍某某等侵犯公民个人信息罪案 // 022

009 "窃贼"插件成非法获取个人信息的"帮凶"
——安徽某网络科技有限公司、卢某、张某等侵犯公民个人信息案 // 025

010 "贷款超市"买卖个人信息的刑法定性
　　——北京某网络科技有限公司、贤某某等侵犯公民个人信息案 // 028

011 手机验证码也可能属于公民个人信息
　　——罗某某、瞿某某侵犯公民个人信息刑事附带民事公益诉讼案 // 031

012 侵犯公民个人信息损害公共利益的司法认定
　　——郭某、吕某等侵犯公民个人信息刑事附带民事公益诉讼案 // 033

013 任意采集人脸的反噬
　　——李某某侵犯公民个人信息刑事附带民事公益诉讼案 // 036

二、危害计算机信息系统罪 // 039

014 网络爬虫非法抓取有限公开的信息数据也具备刑事违法性
　　——上海某网络科技有限公司、张某某等非法获取计算机信息系统数据罪案 // 039

015 滥用技术手段窃取数据并恶意"加粉"的秘密
　　——北京某公司非法获取计算机信息系统数据案 // 042

016 假冒知名网站的刑事责任
　　——夏某某等以钓鱼网站非法获取计算机信息系统数据案 // 045

017 AI技术创新不可触及法律红线
　　——唐某等伪造人脸模型非法获取计算机信息系统数据案 // 047

目 录

018 突破安全机制的网络爬虫落入法网
　　——李某某等非法获取计算机信息系统数据案 // 049

019 "撞库"获取用户身份信息的刑事责任
　　——汪某某非法获取计算机信息系统数据案 // 051

020 买卖账号、密码非法控制系统触犯数罪
　　——吕某某非法获取计算机信息系统数据、非法控制计算机信息系统案 // 053

021 "内鬼"越权获取数据触犯刑律
　　——聂某某非法获取计算机信息系统数据、非法控制计算机信息系统案 // 055

022 非法访问数据库应受制裁
　　——王某某非法获取计算机信息系统数据、非法控制计算机信息系统案 // 058

023 跨域网络犯罪的管辖
　　——张某某、彭某某、祝某、姜某某非法控制计算机系统案 // 060

024 离职员工权限收回很重要
　　——吕某某非法控制计算机信息系统案 // 063

025 游戏外挂是把"双刃剑"
　　——周某等涉提供侵入、非法控制计算机信息系统程序、工具案 // 065

026 离职员工惹事端
　　——韦某某非法侵入计算机信息系统罪案 // 067

027 侵入政府网站后果很严重
　　——贺某某非法侵入计算机信息系统案 // 069

028 为"刷流量"提供软件技术支持涉罪判刑
　　——蔡某某提供侵入计算机信息系统程序罪案 // 072

029 封堵、屏蔽回传的数据流也能涉罪获刑
　　——某电信技术（北京）有限公司、北京某网络技术有限公司等破坏计算机信息系统案 // 075

030 IT员工离职的风险防范
　　——白某某破坏计算机信息系统案 // 078

031 修改"成绩单"锒铛入狱
　　——陈某某破坏计算机信息系统案 // 081

032 贩卖恶意程序的代价
　　——王某某破坏计算机信息系统案 // 084

三、利用信息网络犯罪 // 087

033 出售物联网卡获罪
　　——上海W公司、吴某某等帮助信息网络犯罪活动案 // 087

034 非法提供GOIP服务被追刑
　　——成都某信息技术有限公司、文某某、曾某某等帮助信息网络犯罪活动案 // 090

035 帮信罪的另一种形式：提供对公银行账户
　　——张某某帮助信息网络犯罪活动案 // 093

036 可操纵虚拟币交易平台成犯罪工具
　　——重庆某科技有限公司、吴某等帮助信息网络犯活动案 // 096

037 定制开发常见问题
　　——沈阳某网络科技信息咨询服务有限公司帮助信息网络犯罪活动案 // 099

038 客户的背景调查关系到网络运营者是否涉罪
　　——王某胜等帮助信息网络犯罪活动案 // 102

目 录

039 非法获取网络信息为下游犯罪提供便利
　　——贾某某、毛某某非法利用信息网络案 // 106

040 谨慎发布网络信息避免成为诈骗犯罪一环
　　——张某、谭某某等非法利用信息网络案 // 109

041 利用AI机器人拉人头进入电诈伏击圈
　　——广东某互联科技有限公司、巫某某非法利用信息网络罪案 // 112

042 网站运营者拒不整改涉黄赌毒信息必法办
　　——何某、钟某、缪某某拒不履行信息网络安全管理义务案 // 115

043 网络运营者拒不改正的最坏结果
　　——被告人胡某某拒不履行信息网络安全管理义务案 // 118

044 通信运营商提供电话卡涉罪
　　——李某某拒不履行信息网络安全管理义务案 // 123

四、其他 // 129

045 直播间潜藏诈骗连环局
　　——黄某等三人诈骗案 // 129

046 擅自篡改后台数据骗取"打卡保证金"的刑事责任
　　——重庆市某网络科技有限公司诈骗案 // 132

047 应用推广中虚假刷单行为的刑事责任
　　——某公司等合同诈骗案 // 134

048 企业签约中信息审核的刑事必要性
　　——南京某物流仓储设备有限公司、孟某某合同诈骗案 // 136

049 "投资理财"离集资诈骗仅一步之遥
　　——某金融信息服务有限公司集资诈骗案 // 139

050 "交投保"为赌博网站提供资金转移服务的行为定性
　　——满某、孙某非法经营案 // 142

051 买卖快递空包"助纣为虐"应受刑罚制裁
　　——郭某昊、郭某麒等非法经营案 // 145

052 未经许可不得销售 VPN 代理服务
　　——薛某非法经营案 // 147

053 "刷单炒信"僭越法律底线或涉刑事惩处
　　——李某某非法经营案 // 149

054 有偿删帖或发布虚假信息具备刑事违法性
　　——北京 A 文化传播有限责任公司、北京 B 营销策划有限公司、杨某某、卢某非法经营案 // 152

055 假冒"服务"商标亦涉刑
　　——姚某假冒"乐高"服务商标案 // 155

056 销售盗版书籍的刑事法律责任不容忽视
　　——某公司、张某销售侵权复制品案 // 158

057 "克隆"手游的刑事风险分析
　　——祝某等侵犯著作权罪案 // 161

058 "刷单炒信"构罪吗？
　　——王某杰、张某某等虚假广告罪案 // 164

059 警惕"人才流动"招致侵犯商业秘密罪
　　——郑某、丘某侵犯商业秘密罪案 // 167

060 经营信息类商业秘密被侵犯，企业机密须加"锁"
　　——江西 Y 公司等侵犯商业秘密罪案 // 170

目 录

民事篇

一、民事诉讼之平台责任 // 175

061 单方变更服务条款损害用户利益的违约责任
——北京爱某科技有限公司网络服务合同
纠纷案 // 175

062 未成年人游戏充值的平台责任
——广州 S 网络科技有限公司网络服务合同
纠纷案 // 179

063 网络游戏有偿抽奖规则设置的合规问题
——张某、杭州 L 科技有限公司等网络服务合同
纠纷案 // 182

064 平台向关联方提供用户信息的告知同意义务
——某电商平台向内嵌支付机构提供个人信息案 // 187

065 平台向合作方提供个人信息的告知同意义务
——某信息技术公司对外提供个人信息案 // 190

066 应用程序（App）应提供机制保障用户的选择权
——淘宝个性化推荐合法性基础案 // 193

二、民事诉讼之个人信息保护 // 196

067 企业受托处理用户个人信息的保护义务
——汉某酒店隐私权纠纷案 // 196

068 平台对用户个人信息合理使用范畴的界定
——天津 C 公司网络侵权责任纠纷案 // 199

069 个人信息处理知情同意原则的例外
——F 科技公司诉讼程序披露个人信息案 // 202

070 利用算法处理已公开个人信息的准确性义务
——某查查公司算法运行错误导致个人信息
不实案 // 205

071 平台处理未成年人个人信息的义务
——北京市人民检察院督促保护儿童个人信息权益行政公益诉讼案 // 207

072 用户享有对其个人信息的查阅复制权
——周某某诉某品会个人信息查阅复制权案 // 210

073 短信营销技术服务提供者的合规义务
——广州某顺公司发送商业短信侵害个人信息权益案 // 213

074 个人信息的处理应与授权范围保持一致
——朱某某诉北京某网讯科技有限公司Cookie隐私案 // 216

三、民事诉讼之知识产权 // 218

075 真人驱动型数字形象的著作权保护
——M信息科技有限公司与杭州某网络有限公司著作权与不正当竞争纠纷案 // 218

076 数据知识产权登记可以作为初步权属证明
——S科技股份有限公司与Y科技有限公司不正当竞争纠纷案 // 221

077 AIGC服务提供者的合规义务
——X公司与某AI公司著作权纠纷案 // 224

078 独创性期刊引证报告数据库受著作权保护
——上海M医药科技有限公司与K信息服务（北京）有限公司侵害作品信息网络传播权纠纷案 // 226

目　录

四、民事诉讼之反垄断与反不正当竞争 // 228

079 网络爬虫抓取非公开数据正当性的界限
　　　——湖南 Y 公司不正当竞争纠纷案 // 228

080 网络爬虫抓取短视频、用户评论的合法性
　　　——某短视频平台短视频抓取案 // 231

081 网络爬虫抓取微博、评论、用户互关数据的合法性
　　　——J 公司抓取售卖微博数据案 // 233

082 以商业营利为目的"分时租赁"视频 VIP 会员账号的侵权责任
　　　——T 网络科技有限公司视频账号分时租赁案 // 236

083 企业信息查询服务平台的注意义务
　　　——苏州某网络科技有限公司、浙江某小微金融服务集团股份有限公司商业诋毁纠纷案 // 239

084 教育行业公开数据加工形成的数据权益保护
　　　——亿某慧达教育科技（北京）有限公司等不正当竞争纠纷案 // 243

085 电商平台商品数据集合的数据权益保护
　　　——衡某公司、鲸某公司等不正当竞争纠纷案 // 246

086 利用外挂技术"搭便车"获取平台信息的不当性
　　　——深圳市某讯计算机系统有限公司、某讯科技（深圳）有限公司与浙江 S 网络技术有限公司、杭州 J 科技有限公司不正当竞争纠纷案 // 249

087 经加工的投诉信息数据集的数据权益保护
　　　——北京 A 品牌管理咨询有限公司与北京 C 信息技术有限公司不正当竞争纠纷案 // 252

088 误导用户上传微信公众平台账号与密码的法律责任
　　——深圳市某讯计算机系统有限公司诉广州市某信息科技有限公司不正当竞争纠纷案 // 255

089 诱导用户安装插件获取第三方信息的定性
　　——M北京科技有限公司与北京P咨询有限公司等不正当竞争纠纷案 // 258

090 以"撞库"方式获取数据的合理界限
　　——杭州C网络科技有限公司不正当竞争纠纷案 // 261

行政篇

一、违法违规收集使用个人信息 // 267

091 房产中介违规爬取个人信息的法律后果
　　——上海L网络技术有限公司未经消费者同意收集个人信息行政处罚案 // 267

092 未经同意收集个人信息的法律风险
　　——深圳市某证券投资咨询有限公司行政处罚案 // 269

093 过度收集使用个人信息的天价罚单
　　——某滴公司网络安全审查行政处罚案 // 271

094 政府职能部门在个人信息保护中的法定监管职责
　　——湖南省长沙市望城区人民检察院督促保护个人生物识别信息行政公益诉讼案 // 274

二、违反个人数据保护义务之行政责任 // 276

095 学术网站侵犯个人信息的法律后果
　　——知网网络安全审查行政处罚案 // 276

目录

096 驾培企业数据管理失职的行政责任
——广州某公司"驾培平台"未建立数据安全管理制度和操作规程行政处罚案 // 278

097 教培企业数据境外泄露的行政责任
——北京某教育公司未履行数据安全保护义务行政处罚案 // 280

098 运维公司擅自"出域"公共数据须承担的法律责任
——浙江省温州市某科技有限公司擅自上传公共数据行政处罚案 // 282

099 消费者医疗信息权益的行政保护
——浙江省温州市鹿城区人民检察院督促保护就诊者个人信息行政公益诉讼案 // 284

三、擅自向境外提供重要数据 // 286
100 跨境数据流通应遵守的行为规范
——上海某信息科技公司向境外非法提供高铁数据案 // 286

数安港探索之路 // 289

刑事篇

一、侵犯公民个人信息罪

001 非法获取并利用公民个人信息构成犯罪
——刘某侵犯公民个人信息案[*]

（一）裁判要旨

侵犯公民个人信息罪中"公民个人信息"的认定，应当强调身份的可识别性以及与人身、财产法益的关联性，判断是否具备形式的可识别性、内容的隐私性、来源的不公开性、性质的敏感性四项特征。对于非法获取公民个人信息，违法所得5万元以上的，除为合法经营活动非法购买、收受外，应认定为"情节特别严重"。

（二）案情简介

2019年5月，刘某结识某派出所警务队队长金某（另案处理）。2020年9月，刘某注册成立上海某法律咨询有限公司（以下简称咨询公司），其担任法定代表人和实际经营人。刘某请托金某为其提供刑事案件被拘留犯罪嫌疑人及家属的信息，金某遂使用本人密钥查询辖区内其他办案单位侦办中的刑事案件，将案由、简要案情、犯罪嫌疑人及家属姓名与联系方式、被害人及家属姓名与联系方式等100多条信息，通过语音或手写纸条方式交给刘某，刘某先后给予金某1.1万元和6条软中华香烟。

---

[*] 上海市浦东新区人民法院（2022）沪0115刑初388号。

被告人刘某取得信息后，电话联系犯罪嫌疑人家属，取得家属信任并谈妥委托律师业务，以咨询公司名义与家属签订法律咨询合同（协议）并收取费用。后刘某将案件交由在看守所门口搭识的执业律师姚某某、刘某某等人代理，并通过微信向律师支付佣金。经查，2021年2月至7月，刘某通过在金某处获取的公民个人信息，促成律师代理业务共9起，违法所得共计20.15万元。案发后，刘某主动向公安机关投案并如实供述犯罪事实，家属帮助退缴全部违法所得。

上海市浦东新区人民法院于2022年9月2日以被告人刘某犯侵犯公民个人信息罪，判处有期徒刑一年十个月，并处罚金人民币5000元。宣判后，刘某提起上诉。上海市第一中级人民法院于2023年2月10日驳回上诉，维持原判。

（三）案件分析

本案主要围绕被刑事拘留的犯罪嫌疑人及其家属联系方式等信息这个争议点展开。公民个人信息在形式上要求具备身份的可识别性，实质上强调与人身、财产法益的关联性。本案中，被告人刘某从金某处获取的信息具备如下特征：第一，形式的可识别性，每一组信息与犯罪嫌疑人及家属、被害人及家属具有一一对应关系，能够排除同名同姓等易混同身份的模糊情况，具有明确指向性与个人标签性；第二，内容的隐私性，无论是针对犯罪嫌疑人还是被害人，该类信息应属于负面信息，具有绝对的隐私性；第三，来源的不公开性，涉案信息是金某利用其工作配备的密钥，登录公安内网案件综合信息系统后获取的，普通人无权获取；第四，性质的敏感性，涉案的每组信息一旦被公开泄露，有可能使当事人人身权益面临较大的损害风险。因此，应当认定涉案信息属于侵犯公民个人信息罪所规定的公民个人信息。

（四）数安港合规评析

1. 在数据处理活动中，平台企业务必明确：用户授权不可视作无限制的"一揽子"许可，针对个人敏感数据的留存，必须单独征得用户明确同意，并清晰告知数据保存的具体时限，同时严格遵循与用户缔结的数据采集服务协议条款。任何未经用户个别授权而擅自存储个人信息的行为均违反《个人信息保护法》的规定。

2. 数据企业需高度警觉，对于非法获取、出售或提供达到一定数量标准的敏感信息（如行踪轨迹、通信内容、征信及财产信息等 50 条以上，或其他公民个人信息 5000 条以上），即便排除信息不实或重复情形，亦将直接构成侵犯公民个人信息罪，故企业加强对数据规模的合规管理至关重要。

002 骚扰电话"长了眼",背后猫腻是个人信息的非法买卖

——A 公司非法获取公民个人信息案[*]

(一)裁判要旨

A 公司向 B 公司购买其非法下载的公民个人信息,并将信息上传至外呼平台,以浙江在线预防保健网的名义进行免费疫苗险的推广,后导出部分同意领取保险用户的公民个人信息,出售给平安公司,该行为构成侵犯公民个人信息罪。

(二)案情简介

2017 年 2 月至 4 月,A 公司违反国家有关规定,向 B 公司购买其非法下载的公民个人信息(包括儿童姓名、出生年月日、父母姓名、联系方式等),由 B 公司和 A 公司工作人员将上述信息上传至外呼平台,A 公司通过外呼平台拨打电话进行平安疫苗安全险赠送推广,并将同意领取保险用户的公民个人信息导出,转卖给平安公司。截至案发,A 公司利用上传至外呼平台的公民个人信息,共拨通用户电话 11 万余条。外呼人员根据 A 公司提供的话术,仅询问用户是否需要免费疫苗险,而用户对 A 公司已经获取了其个人信息的情况并不知情,对自己一旦表示同意其个人信息就将被出售给平安公司亦不知情。共 25,422 位用户接受平安免费疫苗险,A 公司支付给 B 公司费用人民币

---

[*] 浙江省杭州市中级人民法院(2019)浙 01 刑终 329 号。

30,784元，从平安公司非法获利人民币35,605元。

（三）案件分析

本案法院基于被告单位非法获取公民个人信息并向他人出售，情节特别严重，判决其构成侵犯公民个人信息罪；直接负责的主管人员与其他直接责任人员亦构成犯罪。

1. 对"非法获取并出售个人信息"的分析

本案被告单位辩称愿意接受平安免费疫苗险的客户共25,422位，应当以此认定侵犯公民个人信息的数量，其余仅在拨通电话时显示公民个人信息，但手机号码是隐藏的，对该部分数据并未获取、导出或提供给他人。然而，因电话接通后，外呼人员即可查看用户小孩姓名、性别、出生年月日、父母姓名、联系方式等完整个人信息，即便手机号码中部分数字被隐藏，该部分公民个人信息也已被实际利用，故最终法院以外呼平台拨通电话数量认定犯罪数额。

2. 对"情节特别严重"的分析

本案被告单位利用上传至外呼平台的公民个人信息，共拨通用户电话11万余条。根据《侵犯公民个人信息刑事案件的解释》第5条第2款第3项的规定，认定为"情节特别严重"。

（四）数安港合规评析

1. 数据脱敏处理。企业应制定清晰的数据脱敏标准和流程，确保所有敏感个人信息在存储、传输和处理过程中都经过适当的脱敏处理。

2. 企业在推广业务时必须严格遵守国家关于个人信息保护的法律法规。应确保所有个人信息的获取、使用和存储均基于合法授权，避

数据百案分析

免非法收集和滥用数据。建议企业建立健全的数据合规体系，对员工进行相关法律培训，确保业务操作透明合规，防止发生侵犯公民个人信息的违法行为。同时，一旦发现违规行为，应及时采取措施，主动配合调查，并积极整改。

003 未经授权留存个人信息的刑事风险
——某公司非法获取公民个人信息案[*]

（一）裁判要旨

某公司获取用户单方授权，运用爬虫技术获取相关数据，是在获得授权的基础上爬取数据，所以在数据获取方面不是本案裁判关注的内容。获取相关数据后，某公司未能遵从相互之间的约定，没有做到"用后即焚"，相反在未经用户授权的情况下将账号、密码非法留存，数据获取后的"沉淀行为"是最终认定该公司以其他方法非法获取公民个人信息的落脚之处。

（二）案情简介

某公司将其开发的前端插件嵌入某网贷平台 App 中，用户使用该网贷平台 App 借款时，需要在某公司提供的前端插件上输入第三方网站的账号、密码，经过贷款用户授权后，某公司的爬虫程序代替贷款用户登录上述网站，进入其个人账户。但未经用户许可仍采用技术手段长期保存用户各类账号和密码在自己租用的服务器上。截至 2019 年 9 月案发，某公司以明文形式非法保存的个人贷款用户各类账号和密码多达 21,241,504 条。

杭州市西湖区人民检察院指控被告单位某公司行为已构成侵犯公民个人信息罪。被告人周某、袁某分别系对被告单位某公司侵犯公民

---

[*] 浙江省杭州市西湖区人民法院（2020）浙 0106 刑初 437 号。

个人信息行为直接负责的主管人员和其他直接责任人员，其行为均已构成侵犯公民个人信息罪。

（三）案件分析

本案法院基于被告单位以其他方法非法获取公民个人信息，情节特别严重，判决其构成侵犯公民个人信息罪。

1. 对"以其他方法非法获取"的分析

被告单位与贷款用户签订了数据采集服务协议，协议中明确告知贷款用户"不会保存用户账号密码，仅在用户每次单独授权的情况下采集信息"，但被告单位未经用户许可仍采用技术手段长期保存用户各类账号和密码在自己租用的阿里云服务器上。被告公司对于用户数据的采集环节是经授权的，但重点在于被告单位未经授权对采集数据进行了非法存储。

2. 对"个人信息"的分析

本案涉及的数据字段有通信运营商、社保、公积金、淘宝、京东、学信网、征信中心等网站的账号和密码，根据 GB/T 35273—2020《信息安全技术　个人信息安全规范》，涉案数据属于个人敏感信息中的个人财产信息。此类信息一旦泄露、非法提供或滥用可能危害人身和财产安全，极易导致个人名誉、身心健康受到损害或遭受歧视性待遇。

3. 对"情节特别严重"的分析

本案涉及数据量为 2000 余万条个人信息，违法所得约 3000 万元，排除信息不真实或者重复的情况，根据《侵犯公民个人信息刑事案件的解释》第 5 条第 2 款的规定，本案已构成"情节特别严重"。

（四）数安港合规评析

1. 获得用户授权不意味着"一揽子"授权，存储个人敏感数据必须获得用户的单独同意，且必须向用户明示保存期限，平台企业也应当严格遵守与用户签订的《数据采集服务协议》，未经用户单独同意存储个人信息将违反《个人信息保护法》，可能会被依法追究刑事责任。

2. 除去个人信息不真实或排重情况，非法获取、出售或者提供行踪轨迹信息、通信内容、征信信息、财产信息 50 条以上的、其他公民个人信息 5000 条以上的，就能认定为侵犯公民个人信息罪，数据企业对数据量需敏锐把控。

004 警惕"内部人"把手伸向个人信息
——南通市某房产信息咨询网络有限公司等公司、
沈某等人非法获取公民个人信息案*

（一）裁判要旨

结合当前严厉打击侵犯公民个人信息犯罪的刑事政策，应当对侵犯公民个人信息罪作扩大解释。只要行为人所在单位的性质决定其能够较为系统地接触和获取公民信息，就属本罪单位之列；只要行为人无正当事由，没有获取公民个人信息的法律、法规依据或资格而获取的，就属非法获取。

（二）案情简介

沈某系南通市某房产信息咨询网络有限公司职员。2012年10月至2013年12月，某公司的法定代表人余某某为拓展公司业务，经介绍认识沈某，沈某利用帮助南通市房产管理局信息中心维护房产销售系统的便利，私自导出该系统中的公民个人房产信息，并以电子邮件的方式向余某某非法提供上述信息22,993条。2013年3月至12月，被告人薛某某利用其某公司工作人员的身份，通过在余某某电脑上安装"灰鸽子"软件，窃取该电脑中存储的公民个人房产信息26,460条。2013年3月至8月，某公司的合伙人蔡某某、徐某某为拓展公司业务，一共向被告人薛某某购买上述公民个人房产信息17,900条，被告人薛

---

* 江苏省南通市崇川区人民法院（2015）崇刑初字第00058号。

某某牟利 10,000 元。

（三）案件分析

本案法院基于被告单位某公司，被告人沈某、薛某某等非法获取公民个人信息，情节严重，判决其构成非法提供公民个人信息罪。

1. 对"以其他方法非法获取"的分析

所谓的"非法获取公民个人信息"，并不是指获取手段或方法本身非法，而是指行为人没有法律、法规所规定的依据或资质去获取他人的个人信息。在本案中，被告人余某某通过人情关系从被告人沈某那里获赠或收受公民个人信息，而被告人徐某某和蔡某某则是向被告人薛某某购买公民个人信息。这些获取方式显然没有得到法律的授权，违背了公民的意愿和隐私权，应当被认定为非法获取公民个人信息的其他方法。

2. 对"公民个人信息"的分析

公民个人信息与公民个人隐私并不能等同。即便某些个人信息已经通过互联网或其他渠道被公开，它们仍然可能成为《刑法》第 253 条之一所规定的犯罪行为的侵犯对象。在本案中，房管部门的房产销售系统中所记录的房产信息与公民个人存在高度的关联性，能够明确识别为专属于特定个人的信息。这些信息涉及个人的人身和财产安全。因此，它们应当被明确归类为公民个人信息。

（四）数安港合规评析

1. 在企事业单位或公司中，员工在履行职责或提供服务时，不可避免地会接触他人的个人信息。在这种情况下，员工应增强保密意识，严格遵守保密规定。既不应通过非法手段获取那些不属于自己职责范围内的个人信息，也不应擅自收集或向他人提供自己职责范围内接触到的个人信息。此外，未经信息主体同意，不得将合法收集的个人信息透露给他人，或通过信息网络等渠道公开发布。员工应避免任何可能侵犯个人隐私的行为，确保个人信息的安全和保密。

2. 企业在运营过程中，必须坚守法律和道德底线，不得为了吸引流量或扩大客户群而购买他人的个人信息。同样，企业也不应出于营利目的，将掌握的个人信息出售或提供给第三方。即使在某些行业，此类商业行为尚未受到法律制裁，企业也不应盲目效仿，认为这种做法是合法合规的。事实上，这些行为在法律上属于非法获取、出售或提供个人信息，一旦情节严重，将构成侵犯公民个人信息罪，企业及其负责人将面临法律责任。因此，企业应自觉遵守法律法规，保护公民个人信息的安全，维护良好的商业秩序。

005 以偷逃税为目的非法购买收集个人信息得不偿失
——某公司侵犯公民个人信息案*

（一）裁判要旨

某公司通过向他人购买、指使公司员工收集、利用负责人在靖江市公安局新港派出所担任辅警辅助民警管理流动人口的工作便利等途径，非法获取公民个人信息数量巨大，情节严重，其行为已构成侵犯公民个人信息罪。

（二）案情简介

某公司以少缴企业所得税为目的，非法获取公民个人信息5585条，用于虚造工资，冲抵成本。具体包括，非法获取孙某甲提供的公民个人信息169条、非法获取孙某梅提供的公民个人信息288条、非法获取周某甲提供的公民个人信息67条、从江苏省睢宁县魏集镇政府工作人员尹某处非法获取公民个人信息360条、先后2次非法获取李某甲提供的江苏省靖江中等专业学校学生信息1277条、非法获取李某甲提供的三江学院学生信息408条以及常州大学怀德学院学生信息3016条。因此，某公司以其他方法非法获取公民个人信息，情节严重，其行为已构成侵犯公民个人信息罪。

（三）案件分析

本案法院基于某公司以其他方法非法获取公民个人信息，情节严

---

* 江苏省靖江市人民法院（2019）苏1282刑初646号。

重，判决其构成侵犯公民个人信息罪。

某公司获取公民个人信息的方式具体包括三种。其一，指使单位员工非法收集，如非法获取孙某甲提供的公民个人信息169条、非法获取孙某梅提供的公民个人信息288条、非法获取周某甲提供的公民个人信息67条。其二，向自然人购买，如先后2次非法获取李某甲提供的江苏省靖江中等专业学校学生信息1277条、非法获取李某甲提供的三江学院学生信息408条及常州大学怀德学院学生信息3016条。其三，利用职务便利获取，如从江苏省睢宁县魏集镇政府工作人员尹某处非法获取公民个人信息360条。

（四）数安港合规评析

1. 制定公司商业行为准则

详细规定公司在信息合规方面的基本理念、基本原则、基本框架，从公司高层至各部门、分公司，均需要受该行为准则的约束。该部分内容可以加入公司已有的章程中，也可以单独制定。

2. 规范信息收集、保存、使用流程

在信息收集过程中，需要将要收集信息的目的、收集方式、频率、存放地域、存储期限、自身的数据安全能力及对外共享、转让、公开披露的有关情况等进行展示，并且约定签署协议即视为同意授权。在信息保存过程中，应当限定收集信息的保存期限，建议以注销账户为准，当客户注销账户后，相关信息应当及时删除或进行匿名化处理，即无法通过该信息识别到个人身份。此外，应允许用户选择删除保存在公司的相关信息，一旦删除即视为撤回使用个人信息的同意授权，公司也要在后台对相关数据进行删除或匿名化处理，并不得再次使用。

006 "黑爬虫"串联信息贩卖 "黑产"触碰法律红线
——某公司侵犯公民个人信息案[*]

（一）裁判要旨

某公司违反国家有关规定，开发并对外经营具有付费查询数家小额贷款平台用户个人借贷信息以及居民身份照片功能的"黑爬虫"网站，非法获取用户个人借贷信息、身份证照片信息，并向他人出售用户个人信息，社会危害性层面已属于"情节特别严重"，危害性较大。因此，构成侵犯公民个人信息罪。

（二）案情简介

某公司开发具有付费查询"同信缘"等数家小额贷款平台公民个人借贷信息以及居民身份证照片功能的"黑爬虫"网站，并对外经营。王某某联系"无忧交易宝"等相关小额贷款平台获取数据接口，其中"同信缘"系王某某与他人合伙经营的小额贷款平台。截至2018年7月17日，"黑爬虫"网站公民个人借贷信息、身份证照片信息累计查询量达84万余次，某公司分得赃款人民币50余万元。某公司违反国家有关规定，向他人出售公民个人信息，情节特别严重，其行为已构成侵犯公民个人信息罪。

（三）案件分析

本案法院基于某公司违反国家有关规定，向他人出售公民个人信

---

[*] 江苏省淮安市淮安区人民法院（2018）苏0803刑初643号。

息，情节特别严重，判决其构成侵犯公民个人信息罪。

1. 对"出售公民个人信息"的分析

根据《侵犯公民个人信息刑事案件的解释》第 1 条的规定，公民个人信息是指以电子或者其他方式记录的能够单独或者与其他信息结合识别特定自然人身份或者反映特定自然人活动情况的各种信息，包括姓名、身份证件号码等。该解释在第 5 条中对何种情况下，非法获取、出售或者提供公民个人信息构成情节严重作出进一步规定，如出售或者提供行踪轨迹信息，被他人用于犯罪的。

2. 对"情节特别严重"的分析

本案涉及数据查询量为 84 万余次个人信息，违法所得约 50 万元，排除信息不真实或者重复的情况，根据《侵犯公民个人信息刑事案件的解释》第 5 条第 2 款的规定，本案已构成"情节特别严重"。

（四）数安港合规评析

为更好应对潜在的合规风险，企业的主要任务包括合规体系建立和维护，合规体系有效推进，合规风险的发现、查处和纠正，企业内部制度的设计等，即合规体系的建立、推行和检验。具体而言，关于数据接口的获取不应仅考虑商务及技术上的联系对接，更应关心获取时的授权链路，至少有相关的授权协议或隐私政策可供了解。此外，企业应关注数据处理全生命周期的合规问题，保证经营过程中所获取的数据来源及用途合法。

007 "内鬼"作祟，征信信息成牟利工具
——解某某、辛某某等侵犯公民个人信息案*

（一）裁判要旨

信息数量、违法所得数额是侵犯公民个人信息罪定罪量刑的重要依据。其中之一达到司法解释规定的标准，即可认定为"情节严重"或者"情节特别严重"，按照侵犯公民个人信息罪定罪量刑。若客观上无法排重计算信息数量的，可以通过确定违法所得数额作为定罪量刑的事实依据。

（二）案情简介

解某某，北京某信息咨询有限公司法定代表人。辛某某，该公司股东。解某某、辛某某雇用50余人通过在网上刊登贷款广告、在公司的"点有钱"微信公众号设置贷款广告链接的方式，吸引有贷款需求的人填写"姓名、手机号、有无本地社保和公积金、有无负债、房产和车辆持有状况、工资收入、有无保险、征信情况、借款需求、还款周期"等信息。获取上述信息后，解某某、辛某某指使员工将上述信息上传到公司开发的"点有钱"App，再通过在微信群搜集、在"点有钱"微信公众号发放广告，吸引信贷员在App注册充值。充值后，解某某、辛某某等人在未经信息权利人同意的情况下，将信息以每条30~150元的价格出售给信贷员。通过出售上述信息，违法所得共计

---

* 北京市昌平区人民法院（2020）京0114刑初509号。

450余万元。2019年6月,公安机关立案侦查,从网站后台提取到公民个人信息共计31万余条(未排重)。

(三)案件分析

本案法院认为解某某、辛某某等人违反国家有关规定,以营利为目的,向他人出售公民个人信息,情节特别严重,其行为均已构成侵犯公民个人信息罪。

1. 对"单位是否犯侵犯公民个人信息罪"的分析

涉案公司虽然最初是合法经营,但在公司出现亏损后,公司就以实施收集、出售公民信息为主要经营活动。此外,并无其他合法经营活动。根据《最高人民法院关于审理单位犯罪案件具体应用法律有关问题的解释》[①] 第2条的规定,公司、企业、事业单位设立后,以实施犯罪为主要活动的,不以单位犯罪论处。对被告人解某某、辛某某等人应当以自然人犯罪追究其刑事责任。

2. 对"信息数量没有排重,数量认定是否准确"的分析

本案在客观上无法实现信息排重,但有确实、充分的证据可以证实各被告人违法所得数额均在5万元以上。根据《侵犯公民个人信息刑事案件的解释》第5条的规定,信息数量、违法所得数额中某一项达到刑事追诉标准,即构成侵犯公民个人信息罪。本案虽然无法确定信息数量,但可以证实被告人违法所得数额达5万元以上,属于"情节特别严重"。

[①] 法释〔1999〕14号。

（四）数安港合规评析

网络平台在收集个人信息时，必须明确告知用户数据的收集目的、使用范围及存储方式，确保用户知情权。应设置明显的风险提示，提醒用户个人信息可能面临的安全风险，如泄露、滥用等。同时，平台需确保数据来源合法，遵守相关法律法规，不得非法获取或购买个人信息。使用个人信息时，也应限制在用户同意的范围内，不得超出授权使用。此外，平台应采取有效措施保护用户数据安全，如加密存储、访问控制等，防止数据被未授权访问或篡改。

008 利用AI电脑机器人非法获取个人信息
——史某某、霍某某等侵犯公民个人信息罪案[*]

（一）裁判要旨

公民个人信息的泄露、非法提供是实施电信诈骗的前提与必要条件。为实施电信网络诈骗犯罪提供条件而获取利益，其行为同时触犯侵犯公民个人信息罪和帮助信息网络犯罪活动罪，应当从一重罪处断，如侵犯公民个人信息罪的法定刑较重，则以侵犯公民个人信息罪进行定罪处罚。

（二）案情简介

自2019年9月、10月开始，史某某、周某甲等人先后在多地租赁场所成立公司，招募郑某某、邓某某等为公司财务，招募宋某某、霍某某、陈某某为公司总监，并招募业务员，从费某某、顾某等人处购买接通率高，非北京、上海、广东、深圳、新疆、西藏等地的股民电话号码，分配给各自分管的经理和业务员，业务员在电脑终端输入账号、密码登录网址后进行操作、监听，由AI电脑机器人自动拨打预先导入的公民电话号码，对接通电话的公民是否股民等进行分类，业务员根据监听情况再行人工拨打电话，添加具有炒股意向公民的微信，以推荐优质股票为由，将上述股民拉进提前建立的微信群，每个微信群人数达到诈骗犯罪分子要求后，即将该微信群出售牟利，由诈骗犯

---
[*] 陕西省宝鸡市中级人民法院（2021）陕03刑终194号。

罪分子在该群中实施诈骗。

二审法院判决费某某、顾某违反国家有关规定，非法获取并向他人出售公民个人信息，其行为均构成侵犯公民个人信息罪。其中，费某某出售公民个人信息 5 万条以上，属情节特别严重；顾某出售公民个人信息 5000 条以上，属情节严重。

史某某、宋某某、霍某某、陈某某、郑某某、邓某某违反国家有关规定，明知他人利用信息网络实施犯罪而向他人出售非法获取的公民个人信息，其中史某某、宋某某、霍某某、陈某某、郑某某、邓某某非法获取、出售公民个人信息 50,000 条以上，宋某某、霍某某、陈某某个人违法所得均达到 50,000 万元以上，郑某某、邓某某个人违法所得 5000 元以上。史某某、宋某某、霍某某、陈某某、郑某某、邓某某的行为均构成侵犯公民个人信息罪，均属情节特别严重。同时，其行为均构成帮助信息网络犯罪活动罪，应择一重罪处罚，因侵犯公民个人信息罪法定刑较重，故应以侵犯公民个人信息罪定罪处罚。

（三）案件分析

本案是全链条打击电信网络诈骗及其关联犯罪的典型案例，无论是公司创始人史某某等，还是作为员工的宋某某、霍某某、陈某某等人，都明知其下游为电信诈骗团伙，依然非法购买公民的电话号码等个人信息，再使用 AI 机器人获取更多的个人信息并进行联系与分类，最终将达到要求的微信群出售给诈骗团队。这种行为为实施电信网络诈骗犯罪提供了条件并从中获利，既构成帮助信息网络犯罪活动罪，也侵犯了公民的个人信息安全，构成侵犯公民个人信息罪。但因属于同一行为，不应适用数罪并罚，而是构成两种犯罪的竞合，应当择一重罪处理。

（四）数安港合规评析

1. 企业在开展业务时应当注意建立合理的刑事风险防范机制，不得为实施电信网络诈骗等违法犯罪行为提供帮助。如发现客户的需求违反正常的商业逻辑，可能存在违法犯罪风险，应当及时采取暂停/停止/解除合作等措施，向公安机关等政府机关予以汇报，避免成为"帮凶"。

2. 个人在求职时应当注意自身工作的合法性，如明知相关业务涉及违法犯罪，无法以单纯执行公司工作任务作为脱罪抗辩。

3. 非法提供公民个人信息为实施电信网络诈骗犯罪提供条件而获取利益，同时触犯侵犯公民个人信息罪和帮助信息网络犯罪活动罪，应当从一重罪处断。

009 "窃贼"插件成非法获取个人信息的"帮凶"
——安徽某网络科技有限公司、卢某、张某等侵犯公民个人信息案*

（一）裁判要旨

未取得快递用户同意的情况下获取用户个人信息的行为，属于"以其他方法非法获取公民个人信息"的认定范畴；制作插件程序，窃取快递用户个人信息并存储至其控制的服务器的行为，属于"窃取个人信息"的认定范畴。涉案行为应当认定为"窃取或者以其他方法非法获取公民个人信息"的犯罪行为，应当依法追究其刑事责任。

（二）案情简介

卢某、张某共同出资设立的安徽某网络科技有限公司（以下简称某公司）系浙江某供应链管理有限公司（以下简称某供应链公司）在安徽省的某驿站校园服务商。

2017年8月，卢某、张某结伙，欲通过非法获取某供应链公司的快递客户信息来提高某公司微信公众号黏性从而达到发送广告获利，同时实现通过微信发送某驿站包裹取件通知（需配合使用某供应链公司不同意使用的闸机系统才能实现）从而节约运营成本。并通过网络指使刘某某根据某供应链公司相关的App制作了能够获取App上快递客户姓名、电话等信息的插件。

---

* 浙江省杭州市萧山区人民法院（2019）浙0109刑初816号。

卢某、张某将该插件安装到所服务的各校园驿站巴枪上，同时将该插件与多个省份的某供应链公司校园驿站服务商共享，当驿站的工作人员使用巴枪扫描快递单条码获取快递客户的姓名、手机等信息，并将信息发送、存储到某公司的服务器上。通过插件非法获取某供应链公司的快递客户信息共计522,687条。

（三）案件分析

法院判决认为，某公司、卢某、张某等人非法获取公民个人信息，情节特别严重，其行为已构成侵犯公民个人信息罪。本案争议焦点主要在于：制作插件程序批量获取快递用户信息并存储至相关服务器，未向他人出售或提供的行为是否构成公民个人信息罪。一方面，某公司、卢某、张某等人在校园驿站经营过程中，未经快递用户本人知情同意，批量获取、收集、存储用户个人信息，已违反《刑法》第253条之一的规定。另一方面，作为安徽省内的校园驿站合作服务商，某公司本可通过某供应链公司提供的取件通知系统拨打用户电话或发送取件短信等多种方式通知用户及时取件，其非法获取、存储用户个人信息的直接动机在于节约派件通知成本、提高微信公众号用户黏性，进而获取广告收入等可期待的经济利益，难以认定为"合理使用"。

综上所述，某公司、卢某、张某等人违反国家有关规定，在经营校园驿站过程中实施了非法获取公民个人信息的行为，即使未出售或提供给他人，同样构成侵犯公民个人信息罪。

（四）数安港合规评析

1.网络产品、服务的提供者在提供产品、服务时，应当遵守国家规定的强制性要求，不得设置恶意网络程序，不得窃取或者以其他非法方式获取公民个人信息，不得非法出售或者非法向他人提供个人信息。因此，企业应当坚守知情同意原则，向用户明示收集和使用信息的目的、方式及范围，在取得用户同意的基础上，才可收集、使用用户个人信息。

2.物流公司应构建一套完善的内部管理机制，以保障客户个人信息的安全性。首要任务是提升员工对保护客户隐私的意识。同时需要在管理制度中明确规定工作人员在前端查看客户信息的权限范围。此外，后台处理客户信息的工作人员应实施相互监督，形成有效的制衡机制，防止因岗位权限过大而引发的客户隐私泄露风险。

010 "贷款超市"买卖个人信息的刑法定性
——北京某网络科技有限公司、贤某某等侵犯公民个人信息案[*]

（一）裁判要旨

明知公司没有贷款资质，仍编辑"一键贷"贷款申请页面投放网络，诱骗用户个人申请注册，收集公民个人信息，在未取得公民个人授权情况下，通过API接口传输的方式，向下游多家不特定信息服务公司出售包含姓名、身份证号、手机号等信息的公民个人信息，构成侵犯公民个人信息罪，须承担相应的刑事责任。

（二）案情简介

2016年9月20日，贤某某成立北京某网络科技有限公司并担任其法定代表人，从事"贷款超市"等业务。2018年1月至2019年7月，贤某某与赵某某（技术部负责人）及齐某（另案处理）等人共同商议孵化"一键贷"项目，并安排赵某某负责"一键贷"项目技术开发与支持，后于2018年3月招募盛某某作为"一键贷"项目负责人负责业务、商务及运营，于2018年7月招募王某某作为"一键贷"项目商务经理负责商务。贤某某、赵某某、盛某某、王某某等人明知公司没有贷款资质，仍编辑"一键贷"贷款申请页面投放网络，诱骗被害人申请注册，收集被害人的公民个人信息，在未取得被害人授权情况下，

---

[*] 江苏省仪征市中级人民法院（2020）苏1081刑初309号。

通过 API 接口传输的方式，向下游多家不特定信息服务公司出售包含姓名、身份证号、手机号等信息的公民个人信息，销售金额共计人民币 3,169,629.6 元。

（三）案件分析

本案法院基于被告单位"违反国家有关规定，向他人出售公民个人信息，情节特别严重"，判决其构成侵犯公民个人信息罪。

1. 对"非法出售公民个人信息"的分析

根据《刑法》第 253 条之一的规定，非法获取、出售或者提供公民个人信息的行为，构成侵犯公民个人信息罪。被告单位北京某网络科技有限公司及其相关人员明知单位没有贷款资质，仍通过虚假手段收集并出售公民个人信息，显然违反了法律规定，构成侵犯公民个人信息罪。

2. 对"判决被告单位高额罚金"的分析

法院判处北京某网络科技有限公司犯侵犯公民个人信息罪，罚金人民币 320 万元，此判决体现了法律对侵犯公民个人信息行为严厉打击，将公民的隐私权和信息安全放在第一位的司法裁判导向。

（四）数安港合规评析

1. 法院通常会审查信息收集者是否采取了合理的措施来告知信息主体将如何使用其信息，并确保信息主体在充分知情的情况下给予了明确的同意。任何组织或个人在收集、使用、处理、传输、提供或公开他人个人信息时，必须事先取得该个人的明确同意。未经个人同意，任何单位或个人不得出售这些信息，违法所得达到一定金额，将构成侵犯公民个人信息罪，须承担相应的刑事责任。

2.本案警示企业及个人在经营过程中必须严格遵守法律法规，特别是在涉及处理公民个人信息时，必须取得合法授权，确保信息安全。否则，企业可能面临高额罚金的惩罚，严重者甚至会直接影响企业的生存和发展。

011 手机验证码也可能属于公民个人信息
——罗某某、瞿某某侵犯公民个人信息刑事附带民事公益诉讼案[*]

(一)裁判要旨

服务提供者专门发给特定手机号码的数字、字母等单独或者其组合构成的验证码具有独特性、隐秘性,能够单独或者与其他信息结合识别特定自然人身份或者反映特定自然人活动情况的,属于《刑法》规定的公民个人信息。行为人将提供服务过程中获得的验证码及对应手机号码出售给他人,情节严重的,依照侵犯公民个人信息罪定罪处罚。

(二)案情简介

2019年12月,罗某某了解到通过获取他人手机号和随机验证码用以注册淘宝、京东等App新的账号(以下简称"拉新")可以赚钱,并在其担任电信公司培训老师期间,设立出售、提供公民个人信息的通信群组,利用销售员瞿某某和谢某、黄某、贺某某(三人均已被行政处罚)等人的职务之便非法获取彭某某、谭某某等个人信息手机号码和随机验证码,并通过自己设立的通信群组贩卖给专门从事"拉新"的团伙。

2021年11月30日,罗某某、瞿某某被湖南省株洲市渌口区人民

---

[*] 指导性案例第195号。

法院以侵犯公民个人信息罪定罪处罚，二人在承担刑事责任的同时，还须承担相应的民事责任。

（三）案件分析

公民个人信息是指以电子或者其他方式记录的能够单独或者与其他信息结合识别特定自然人的各种信息，包括电话号码等。验证码系专门发给特定手机号的独一无二的数字组合，且依规不能发送给他人，证明验证码系具有识别、验证个人身份的通信内容，即二者均为能识别自然人身份的个人信息，理应属于公民个人信息范畴。本案中，罗某某利用非法获取的他人手机号和随机验证码用以在淘宝、京东等App注册新的账号，根据《侵犯公民个人信息刑事案件的解释》第5条第1款的规定，情节已达到严重程度，构成侵犯公民个人信息罪。

（四）数安港合规评析

本案中涉及电信公司销售员在他人指示下利用职务之便，非法获取公民手机号码和随机验证码，并向他人出售获利。要解决个人信息泄露问题，需要加强监管，完善包括电信、银行等企事业单位内部管控，加强员工从业人员教育培训力度。除杜绝"内鬼"外，也需要让个人信息保护强制性要求内化为企业机构的主动行为。

012 侵犯公民个人信息损害公共利益的司法认定
——郭某、吕某等侵犯公民个人信息刑事附带民事公益诉讼案*

（一）裁判要旨

行为人为牟取非法利益，违反国家规定，获取大量公民个人信息或利用他人获取的公民个人信息通过群发短信息推广网络放贷App链接，或非法提供给其他网络放贷人员用于发展网贷客户，损害了众多不特定社会公众的公共利益，构成侵犯公民个人信息罪，除依法应当承担刑事责任外，还应当承担相应的民事责任。

（二）案情简介

杭州S科技有限公司主营网络放贷App的开发及销售，杭州Y科技有限公司与S公司实为一套人马，郭某为法定代表人，吕某为公司股东。

2018年年初，郭某、吕某商定开发用于网络放贷的App软件，后未经相关部门批准，开发了多个网络放贷App软件。郭某、吕某指使他人利用其使用、维护网络放贷App软件和自行开展"贷款超市"推广网络放贷App业务之机，大肆收集用户的姓名、手机号码、身份证号码、住址、工作单位及地址、手机通信录等个人信息，并储存于付费使用的阿里云服务器数据库中。二人将收集的7272条公民个人信

---
* 江西省安义县人民法院（2020）赣0123刑初53号。

息，通过 QQ 邮箱非法提供给钟某希、许某等放贷人员用于发展网络贷款客户，非法获利人民币 91,490 元。此外，被告人还将收集的公民个人信息提供给短信公司或向短信公司购买公民个人信息，由短信公司以群发短信的方式推广网络放贷 App。截至案发，被告人通过短信公司发送短信近千万条。

（三）案件分析

本案围绕以下两个争议焦点展开。

1. 检察机关就侵犯公民个人信息的犯罪行为能否提起附带民事公益诉讼问题。侵犯公民个人信息的行为，可能造成不特定社会公众的个人信息更广泛地泄露和传播，滋生电信网络诈骗、"套路贷"等下游犯罪，进而威胁公众人身、财产安全，侵害了公共利益。保护公民个人信息事关不特定公众群体的切身利益，具有公益属性。检察机关在起诉实施侵犯公民个人信息行为的被告人时，可同时提起附带民事公益诉讼，符合国家对公民个人信息保护的价值取向，弥补了个人信息保护私益诉讼的不足。

2. 同时科处刑事责任和民事责任是否竞合的问题。刑事责任与民事责任本质目的均为保护法益，但二者保护的法益并不相同，刑事责任是对违法行为人的惩罚和制裁，民事责任是对受害人所受损害的补救。二者内在逻辑存在本质区别，功能、性质均不相同，不存在冲突，相互不能被吸收，更无法替代。通过刑事附带民事公益诉讼，被告人除应承担刑事责任外，还应承担赔偿损失、向公众赔礼道歉、消除危险等民事责任。对被告人实施刑事和民事双重制裁，形成追责合力，更有利于实现对违法行为的预防和对公益的全面保护。

（四）数安港合规评析

侵犯公民个人信息的行为不仅会被追究刑事责任，可能还要依法承担相应的民事责任，包括但不限于删除存储在服务器上的公民个人信息数据、向社会公众赔礼道歉及赔偿损失。广大企业家应以此为鉴，规范用户信息储存、使用流程，完善数据保护安全措施，提高合法处理数据的意识，杜绝出现为追逐一时利益而侵犯公民个人信息，损害不特定社会公众的公共利益的行为。

013 任意采集人脸的反噬
——李某某侵犯公民个人信息刑事附带民事公益诉讼案*

（一）裁判要旨

使用人脸识别技术处理的人脸信息以及基于人脸识别技术生成的人脸信息均具有高度的可识别性，能够单独或者与其他信息结合识别特定自然人身份或者反映特定自然人活动情况，属于《刑法》规定的公民个人信息。行为人未经公民本人同意，未具备获得法律、相关部门授权等《个人信息保护法》规定的处理个人信息的合法事由，利用软件程序等方式窃取或者以其他方法非法获取上述信息，情节严重的，应依照《侵犯公民个人信息刑事案件的解释》第5条第1款第4项等规定定罪处罚。

（二）案情简介

2020年6月至9月，李某某制作一款具有非法窃取安装者相册照片功能的手机，发布于暗网论坛售卖，并伪装成"颜值检测"软件发布于"芥子论坛"提供访客免费下载。用户下载安装"颜值检测"软件使用时，该软件会自动在后台获取手机相册里的照片，并上传到其搭建的腾讯云服务器后台，从而窃取安装者相册照片共计1751张，其中部分照片含有人脸信息、自然人姓名、身份号码、联系方式、家庭住址等公民个人信息100余条。

---

* 指导性案例第192号。

同年9月，李某某在暗网"茶马古道"论坛购买"社工库资料"数据转存于网盘，分享至其担任管理员的"翠湖庄园业主交流"QQ群，提供给群成员免费下载。经鉴定，"社工库资料"包含各类公民个人信息共计8100万余条。

（三）案件分析

本案争议焦点为利用涉案"颜值检测"软件窃取的"人脸信息"是否属于《刑法》规制范畴的"公民个人信息"。法院经审理认为，"人脸信息"属于《刑法》第253条之一规定的公民个人信息。

1."人脸信息"具有唯一性、高度敏感性以及易采集性的特征，符合可识别性的实质标准，属于刑法规制范畴的"公民个人信息"，应将其纳入"其他可能影响人身、财产安全的公民个人信息"类别。根据《侵犯公民个人信息刑事案件的解释》第1条的规定，"公民个人信息"是指以电子或者其他方式记录的能够单独或者与其他信息结合识别特定自然人身份或者反映特定自然人活动情况的各种信息。人脸信息具有高度可识别性，属于公民个人信息。根据《侵犯公民个人信息刑事案件的解释》第5条第1款第4项的规定，"非法获取、出售或者提供住宿信息、通信记录、健康生理信息、交易信息等其他可能影响人身、财产安全的公民个人信息五百条以上的"属于刑法规定的"情节严重"。非法获取、出售或者提供人脸信息可能会对公民人身、财产安全产生不利影响，因此可以纳入此类公民个人信息范畴。

2.将"人脸信息"认定为公民个人信息遵循了法秩序统一性原理。民法等前置法将"人脸信息"作为公民个人信息予以保护。《民法典》第1034条规定了个人信息的定义和具体种类，《个人信息保护法》进一步将"人脸信息"纳入个人信息的保护范畴，侵犯"人脸信息"的行为构成侵犯自然人人格权益等侵权行为的，须承担相应的民事责任或行政、刑事责任。

3. 采用"颜值检测"黑客软件窃取"人脸信息"具有较大的社会危害性和刑事可罚性。因"人脸信息"是识别特定个人的敏感信息，亦是社交属性较强、采集方便的个人信息，极易被他人直接利用或制作合成，从而破解人脸识别验证程序，引发侵害隐私权、名誉权等违法行为，甚至盗窃、诈骗等犯罪行为，社会危害较大。被告人李某某操纵黑客软件伪装的"颜值检测"软件窃取用户自拍照片和手机相册中的存储照片，利用了互联网平台的开放性，以不特定公众为目标，手段隐蔽、欺骗性强、窃取面广，具有明显的社会危害性，需用刑法加以规制。

（四）数安港合规评析

采集不特定人员的人脸数据涉及个人信息保护，尤其是在实施《个人信息保护法》和《网络安全法》等法律后，企业采集不特定人脸数据，需要注意。

1. 采集人脸数据必须基于合法的目的，包括但不限于安全防范、商业运营等，且应遵循最小必要原则。

2. 应在采集场所或通过其他合适方式，明确告知被采集者个人信息的用途、范围、保存期限等信息，并取得其同意。

3. 虽然不特定人员的采集可能不需要逐个获得授权，但应当提供一定的选择权，如通过设置显著的标识，让人们了解他们的面部数据将被采集，并给予拒绝的可能。

二、危害计算机信息系统罪

014 网络爬虫非法抓取有限公开的信息数据也具备刑事违法性

——上海某网络科技有限公司、张某某等非法获取计算机信息系统数据罪案[*]

（一）裁判要旨

对于使用爬虫技术、在未经授权的情况下获取一定范围内公开的信息数据的行为，应该区分信息和数据的不同保护价值，围绕数据是否具有保护的必要性，结合信息和数据的具体保护措施，评价是否构成非法获取计算机信息系统数据罪。

（二）案情简介

上海某网络科技有限公司系经营计算机网络技术开发与服务等业务的公司，张某某系法定代表人，负责公司整体运行；宋某系该公司联系CEO，系产品负责人；侯某某系该公司CTO，系技术负责人；郭某系该公司员工。张某某、宋某、侯某某经共谋，采用技术手段抓取被害单位北京字节跳动网络技术有限公司（以下简称字节跳动公司）服务器中存储的视频数据，并由侯某某指使郭某破解字节跳动公司的防抓取措施，使用"tt_spider"文件实施视频数据抓取行为，造成字节

---

[*] 北京市海淀区人民法院（2017）京0108刑初2384号。

跳动公司损失技术服务费 2 万元。经鉴定，"tt_spider"文件包含头条号视频列表、分类视频列表、相关视频及评论 3 个接口，对今日头条服务器进行数据抓取并将结果存入数据库中的逻辑，抓取中使用伪造的 device_id 绕过服务器的身份校验，使用伪造 UA 及 IP 绕过服务器的访问频率限制。

该案经北京市海淀区人民法院审理，认定被告单位上海某网络科技有限公司违反国家规定，采用技术手段获取他人计算机信息系统中存储的数据，情节严重，被告人张某某、宋某、侯某某作为直接负责的主管人员，被告人郭某作为其他直接责任人员，其行为均已构成非法获取计算机信息系统数据罪。结合被告单位及各被告人的量刑情节，判处被告单位罚金 20 万元；判处被告人张某某、宋某、侯某某、郭某有期徒刑九个月至一年不等，罚金 3 万元至 5 万元不等。

（三）案件分析

本案被"互联网法律大会"列为全国首例利用爬虫技术侵入计算机系统抓取数据案。该案主要涉及：（1）网络爬虫技术的使用边界；（2）网络爬虫获取数据是否属于"侵入"计算机信息系统的手段行为；（3）"公开信息"是否属于非法获取计算机信息系统数据罪的犯罪对象。

法院认为：首先，被告单位的爬虫程序不仅提取了网页信息，还下载了网页信息背后计算机信息系统的数据，显然超越了爬虫技术爬取网页信息的通识边界，主观恶意明显；其次，被害单位已经设置了参数验证，被告单位破解该反爬虫措施，未取得授权非法访问，行为性质属于非法侵入；最后，本案"公开信息"并非"共享数据"，且一定范围内的有权获得也并不意味着数据失去了保密性，只有在数据权利人或者控制者允许公众获得数据且不限制他人再提供给公众时，数据才失去法益保护的必要性。

（四）数安港合规评析

1. 对有数据处理需求的市场主体应明晰权责，数据提供方、数据加工方、数据使用方等在数据安全管理中均应角色定位准确且权责明确。

2. 注重自身数据管理安全，包括安全访问、安全存储、安全使用等，一方面制定完善的管理制度，数据运行管理有章可依；另一方面制定明确的追责制度，使惩戒违反数据安全管理义务行为有章可循。

015 滥用技术手段窃取数据并恶意"加粉"的秘密
——北京某公司非法获取计算机信息系统数据案[*]

(一)裁判要旨

某公司与运营商签订的协议属于合法有效的合同,所提供的内容审查服务和广告营销并非本案裁判关注内容。某公司在为运营商提供服务的过程中,获取运营商流量服务器登录权限,利用自身信息技术,非法采集存储于服务器中的大量个人数据,并通过爬虫程序异地调用获取上述存储的数据,以更改个人数据的方式牟利。某公司侵入计算机信息系统,获取和更改其中储存的个人数据是最终认定构成非法获取计算机信息系统数据罪的事实基础。

(二)案情简介

某公司通过其关联公司与运营商签订精准广告营销协议,获取运营商服务器登录许可,通过部署 SD 程序对指定网卡网络传输流量数据包进行获取并解析,从运营商服务器抓取采集网络用户的登录 Cookie 数据,并将上述数据保存在运营商 Redis 数据库中。后某公司又利用公司研发的爬虫程序调用数据库中保存的数据等信息,并服务于公司研发的 QQ、淘宝、微博、抖音等"加粉"程序,据此开展公司的精准广告营销业务:(1)利用爬虫程序绕过淘宝系统保护措施,提取出淘宝订单信息;(2)利用"加粉"软件,绕过淘宝系统保护措施获取用户

---
[*] 浙江省绍兴市越城区人民法院(2019)浙 0602 刑初 636 号。

信息，并对指定淘宝账号添加好友。

2018年4月16日至18日，某公司爬取淘宝订单共计220,552条（浙江淘宝网络有限公司实际输出10,000条），向指定"加粉"淘宝账号恶意加淘好友共计137,093个（浙江淘宝网络有限公司实际输出20,000个）。

（三）案件分析

本案法院基于被告单位侵入国家事务、国防建设、尖端科学技术领域以外的计算机信息系统，获取该计算机信息系统中存储、处理或者传输的数据，情节特别严重，判决其构成非法获取计算机信息系统数据罪，直接负责的主管人员与其他直接责任人员亦构成犯罪。

1. 对"情节特别严重"的分析

本案法院综合被告单位经营的时间、行为的影响范围及恶劣程度、已查证获取的身份认证信息的数量、数据的违法使用情况以及非法获利情况，认定犯罪情节特别严重。

2. 本案民事合同依据无法排除数据采集行为的刑事违法性

虽然被告单位与运营商签订合同并据此获取运营商数据，但是被告单位对数据的采集、保存、调取、使用是一个完整的犯罪行为链，数据的采集、保存行为系超越授权的操作，且直接服务于后续的数据非法使用，应认定为具有刑事违法性。

（四）数安港合规评析

1. 企业数据获取合规。企业应通过合法途径获取个人数据，如用户授权、公开信息等，非法侵入计算机信息系统获取数据将构成犯罪。

此外，企业应遵循数据最小化原则，仅对必要的个人数据进行收集，避免出现过度获取用户信息的现象。

2. 规范使用数据。企业应严格按照数据保护政策的要求使用个人数据，不得擅自更改、出售、泄露等。在存储方面，应采取加密措施，并设置严格的访问权限控制，确保只有授权人员才能访问相关数据。在访问方面，应遵循最小权限原则分配员工的数据访问权限，并对访问记录实时监控和定期审查。在修改方面，建立数据修改的审批程序，确保所有修改都经过合法授权并处于企业监控之下。

016 假冒知名网站的刑事责任
——夏某某等以钓鱼网站非法获取计算机信息系统数据案*

（一）裁判要旨

不同类型的电子账号和密码等均属于个人信息。行为人利用他人开发的钓鱼网站，骗取受害人手机等通信设备的电子账号、密码等个人信息的行为，构成非法获取计算机信息系统数据罪。

（二）案情简介

夏某某、周某等人租用蔡某开发、设计模仿苹果官网、QQ官网的钓鱼网站，非法获取他人苹果电子设备密码、QQ密码。夏某某等人通过钓鱼网站向他人发送链接短信和邮件，通过他人在该钓鱼网站输入自己的苹果电子设备账号、QQ账号以及密码，从而骗取他人苹果电子设备账号、密码，总计骗取涉案账号、密码达3600余组。

（三）案件分析

本案为江苏省高级人民法院公报案例。

本案法院基于涉案被告人的行为，判决其构成下列罪名。

1. 提供侵入、非法控制计算机信息系统的程序、工具罪

被告人蔡某开发、设计模仿苹果官网、QQ官网的"紫缘管理系统"钓鱼网站，并将该钓鱼网站在互联网上通过付费租用的方式提供

---

* 江苏省淮安市洪泽区人民法院（2016）苏0829刑初290号。

他人使用。被告人明知他人利用该网站非法获取他人苹果电子设备密码、QQ 密码，仍为相关人员的违法犯罪行为提供程序、工具，并从中获利共计人民币 85,692 元，情节特别严重，其行为已构成提供侵入、非法控制计算机信息系统的程序、工具罪。

2. 非法获取计算机信息系统数据罪

被告人夏某某等人租用被告人蔡某所有的"紫缘管理系统"钓鱼网站，通过向他人手机、邮箱发送含有"紫缘管理系统"网址链接的信息、邮件等，骗取他人在该钓鱼网站输入自己的苹果电子设备账号、密码总计达 3600 余组。上述行为属于违反国家规定，采用技术手段获取计算机信息系统数据，情节严重，已构成非法获取计算机信息系统数据罪。

（四）数安港合规评析

1. 计算机信息系统和计算机系统是指具备自动处理数据功能的系统，包括计算机、网络设备、通信设备、自动化控制设备等。其中，企业需要注意手机也属于"计算机信息系统"的范畴。

2. 明知他人实施侵入、非法控制计算机信息系统的违法犯罪行为而为其提供程序、工具的行为，构成提供侵入、非法控制计算机信息系统的程序、工具罪。企业在为他人提供服务的过程中，要审慎判断对方的使用目的和使用途径，避免为违法犯罪行为提供程序、工具。

017 AI技术创新不可触及法律红线
——唐某等伪造人脸模型非法获取计算机信息系统数据案*

（一）裁判要旨

人脸识别信息等个人生物识别信息属敏感个人信息，直接关联特定自然人的人身、财产安全。通过制作3D人脸模型破解生物识别认证，侵入计算机信息系统获取其中存储、处理、传输的数据，情节严重，构成非法获取计算机信息系统数据罪。

（二）案情简介

2018年8月，唐某经他人介绍先后两次前往山东菏泽，支付李某某2万余元人民币，学习破解支付宝人脸识别认证系统的3D人脸动态图制作技术以及购买相关设备。后唐某在网络上提供破解支付宝人脸识别认证的服务。2018年9月，唐某从网名"半边天"（另案处理）处获得受害人唐某甲的支付宝账户信息，受其委托制作3D人脸动态图突破了支付宝人脸识别认证系统；而后将唐某甲支付宝账户信息提供给被告人张某，张某以伪造手持身份证、承诺函照片并拨打客服电话的方式解除了支付宝对唐某甲账户的资金冻结，并通过购买话费的方式转移唐某甲支付宝账户内人民币2.4万余元。法院于2019年9月19日作出一审判决，对3名被告人分别判处相应有期徒刑并处罚金。

---

* 四川省成都市郫都区人民法院（2019）川0124刑初610号。

（三）案件分析

本案为第五届全国检察官阅读征文活动获奖文选优秀奖案例。

被告人张某、唐某违反国家规定，侵入计算机信息系统，获取计算机信息系统中存储、处理、传输的数据，情节严重，构成非法获取计算机信息系统数据罪。对于被告人辩称其个人电脑中的个人信息来源不明不能认定非法获取的问题，法院不予采信，理由如下。

首先，张某先前从事必须用到个人信息的支付宝解封业务，具有积极获取他人信息的主观意愿；其次，公民信息于2013年开始存在，主要为张某使用且有查询记录；最后，相关法律解释规定，只要行为人没有获取公民个人信息的法律依据或资格而获取相关个人信息，即成立"非法获取"。

（四）数安港合规评析

根据《个人信息保护法》的规定，生物识别信息属敏感个人信息，处理者应取得个人的单独同意。提供信息服务的企业以人脸识别为验证方式的，原则上不可留存提取人脸识别信息的原始图像，并提供其他身份验证方式供用户选择。处理人脸识别信息的，应公开并遵守相关处理规则，包括处理者身份、处理目的和必要性、个人信息种类、保存期限等并保障个人权利的行使。此外，在处理人脸识别信息在之前，企业还应进行个人信息影响评估，并采取严格的安全保障措施，谨慎处理数据分享和委托处理等。

018 突破安全机制的网络爬虫落入法网
——李某某等非法获取计算机信息系统数据案*

（一）裁判要旨

行为人绕过受害人设置的网络安全机制，利用编写的数据抓取程序（俗称爬虫程序）大量获取公司存储的各主播直播时的开播地址、销售额、观看PV（页面浏览量）、UV（独立访客量）等保密数据，依法构成非法获取计算机信息系统数据罪。

（二）案情简介

2018年至2020年，上海Y公司法定代表人李某某在未经P公司授权许可的情况下，授意王某某、高某某以非法技术手段突破、绕过P公司设置的网络安全机制，利用编写的数据抓取程序大量获取P公司存储的各主播直播时的开播地址、销售额、观看PV、UV等保密数据。至案发，Y公司整合非法获取的数据并通过微信小程序对外出售，非法获利人民币22万余元。

2021年5月8日，上海市徐汇区人民法院以非法获取计算机信息系统数据罪作出一审判决，李某某等人提出上诉，同年8月23日，上海市第一中级人民法院裁定驳回上诉，维持原判。

---

* 该案参见《上海网络犯罪检察白皮书（2021）》。

(三）案件分析

非法获取计算机信息系统数据罪要求"侵入"或者"采用其他技术手段"获取计算机信息系统中存储、处理、传输的数据。无论是"侵入"还是"采用其他技术手段",都要求利用一定的网络技术手段,体现在未经授权或超越授权两种情形。本案中,被告人通过非法手段突破、绕过 P 公司设置的网络安全机制,其手段具有明显的非法性。被告人通过非法手段获取的数据是 P 公司不对外公开的数据,要获取该数据必须获得数据权利人授权,具有保密性。被告人在非法获取不公开的数据后,又对外出售获利,其行为已触犯刑法。

(四）数安港合规评析

企业依法依规收集使用数据,承担数据安全主体责任,爬虫技术的合规边界需要把握以下几点。

1. 合法爬虫的行为对象应当限于对开放数据的获取,避免抓取涉及公民个人信息、隐私或企业商业秘密、著作权法保护的作品等数据。

2. 爬虫技术不应该绕过或突破被爬取网站技术防护措施,避免破解或规避平台为保护数据而采取的加密算法、技术保护措施,避免通过伪造实名认证或窃取账号密码、内部权限的形式获取平台的数据。

019 "撞库"获取用户身份信息的刑事责任
——汪某某非法获取计算机信息系统数据案*

（一）裁判要旨

明知行为违反国家规定，仍采用技术手段对计算机信息系统实施"撞库"攻击，非法获取公司储存的用户身份认证信息，数量巨大，情节特别严重，其行为构成非法获取计算机信息系统数据罪。

（二）案情简介

2019年2月18日至19日，汪某某在湖北省某县其家中，使用专门用于侵入计算机信息系统的程序及包含大量用户名、密码的样本数据，对抖音公司的计算机信息系统实施"撞库"攻击，非法获取了抖音公司储存的用户身份认证信息177万余组。汪某某于2019年5月22日被抓获归案，后如实供述上述犯罪事实。案发后，汪某某赔偿抖音公司并取得谅解。另查，公安机关在抓获汪某某时起获并扣押其"撞库"所使用的笔记本电脑。

（三）案件分析

根据《刑法》第285条第2款的规定，非法获取计算机信息系统数据罪中的"非法获取"是指侵入计算机信息系统或者采用其他技术手段获取数据，或者是行为人没有得到授权或超越授权获得数据的行为。本案中，汪某某通过"撞库"方式所获得的用户身份认证信息，

---

* 北京市海淀区人民法院（2019）京0108刑初1834。

并未经过抖音平台用户或者数据所有者、管理者即抖音公司授权。因此，汪某某"撞库"行为本身就是采用技术手段非法获取计算机系统数据的行为，符合非法获取计算机信息系统数据罪的犯罪构成。因此，法院判决其构成非法获取计算机信息系统数据罪。

（四）数安港合规评析

企业应从制度、技术、人员、合规等多方面入手，全面提升信息安全管理水平，有效防范"撞库"等网络威胁，保障企业和用户的合法权益。

1. 建立健全信息安全管理体系。企业应制定详尽的信息安全管理制度，明确数据分类、存储、传输及访问权限等要求，确保每个环节都有章可循。

2. 加强技术防护能力。采用加密技术保护敏感数据，实施强密码策略和多层身份验证机制，限制不必要的用户权限，减少被"撞库"的风险。同时，定期更新安全补丁，加强网络监控和入侵检测，确保系统安全。

3. 提升员工安全意识。组织定期的信息安全培训，提高员工对"撞库"等网络威胁的认识和防范能力。鼓励员工参与安全演练，提升应急响应能力。

4. 强化合规审查与管理。加强对供应商和合作伙伴的安全审查，确保合作方的信息安全水平符合企业要求。同时，建立安全审计机制，定期对内部操作进行合规性检查，及时发现并纠正潜在问题。

5. 积极应对法律风险。企业应密切关注相关法律法规的更新变化，确保自身业务操作符合法律要求。在发生"撞库"等安全事件时，及时与监管部门沟通，配合调查处理，减轻法律后果。

020 买卖账号、密码非法控制系统触犯数罪
——吕某某非法获取计算机信息系统数据、非法控制计算机信息系统案[*]

（一）裁判要旨

明知行为违反国家规定，非法获取公民身份认证信息后，利用这些信息非法控制计算机信息系统中的摄像头，控制数量较多，情节严重，其行为构成非法控制计算机信息系统罪。

（二）案情简介

2017年至2022年7月，吕某某在QQ软件聊天群，通过购买的方式非法获取"有看头"、"Goov"和"云视通"等民用监控的账号、密码、二维码等身份认证信息，以此认证信息非法控制他人摄像监控设备，进行录制、回放等操作，偷窥隐私录像视频。经查，吕某某共非法获取身份认证信息208组，非法控制摄像头47台。

河北省邢台市信都区人民检察院认为，被告人吕某某违反国家规定，对计算机信息系统实施非法控制，情节严重，构成非法控制计算机信息系统罪。被告人吕某某如实供述自己的罪行，认罪认罚，且签字具结，依法可以从宽处理。

---

[*] 河北省邢台市信都区人民法院（2024）冀0503刑初22号。

（三）案件分析

1. 对"购买账号自己偷窥违法行为"的分析

《刑法》第285条第2款规定："违反国家规定，侵入前款规定以外的计算机信息系统或者采用其他技术手段，获取该计算机信息系统中存储、处理或者传输的数据，或者对该计算机信息系统实施非法控制，情节严重的，处三年以下有期徒刑或者拘役，并处或者单处罚金；情节特别严重的，处三年以上七年以下有期徒刑，并处罚金。"本案吕某某通过购买账号，在未获得他人许可的情况下，非法控制他人摄像监控设备，进行录制、回放等操作，偷窥隐私录像视频，构成非法控制计算机信息系统罪。2017年至2022年7月，吕某某共非法获取身份认证信息208组，非法控制摄像头47台，属于情节严重情形。

2. 对"从宽处理"的分析

被告人吕某某如实供述自己的罪行，认罪认罚，且签字具结，依法可以从宽处理。被告人吕某某非法获取身份认证信息后未再利用其非法控制的计算机系统非法获取利益，仅用于自己偷窥，其犯罪情节较轻、有悔罪表现，适用缓刑对所居住社区没有重大不良影响，可以适用缓刑。

（四）数安港合规评析

企业或个人在经营过程中，无论出于什么原因，都不能在未授权的情况下，使用客户的账户信息控制设备、平台系统。某些企业或个人，可能出于诸如投票、刷单或好奇的目的，从网络上购买账号、密码库，再控制虚拟身份或设备进行相应的动作，此类行为无论是否获利，均构成犯罪，具体罪名视具体犯罪事实而定。

021 "内鬼"越权获取数据触犯刑律
——聂某某非法获取计算机信息系统数据、非法控制计算机信息系统案[*]

（一）裁判要旨

为非法获利，明知未经公司授权，仍擅自进入公司数据库，获取并解密大量"优购码"，其行为已符合非法获取计算机信息系统数据罪的构成要件。

（二）案情简介

聂某某2015年入职华为技术有限公司，任职华为商城Vmall网站的IT运维人员，工作职责为负责华为商城Vmall日常运维以及按照公司批准授权处理业务中遇到的异常问题（包括处理"优购码"的业务问题）。2017年起，聂某某在未经公司授权批准的情况下，在深圳市龙岗区数据库中提取以加密文本数据形式的"优购码"，并使用在工作中从研发部门同事梁某缘处获得的解密软件解密成"优购码"明文后，或自行注册华为商城账号或提供给他人注册的华为商城账号购买华为新款的华为保时捷系列手机等，然后通过闲鱼、微信等软件将全新未拆封手机加价转卖获利。2017年至2020年2月，聂某某分7次非法获取"优购码"，累计获取180多个"优购码"，通过出售"优购码"等途径非法获利人民币409,080元。

---

[*] 广东省深圳市龙岗区人民法院（2021）粤0307刑初1825号。

广东省深圳市龙岗区人民检察院认为，被告人聂某某违反国家规定，侵入他人计算机信息系统并非法获取计算机信息系统中的数据，情节特别严重，其行为构成非法获取计算机信息系统数据罪。

（三）案件分析

本案焦点在于聂某某作为华为商城 Vmall 网站的 IT 运维人员，其进入华为数据库，访问查阅"优购码"密文的行为是否属于"侵入"行为。被告人聂某某的辩护人认为聂某某是公司数据库运维人员，其访问查阅"优购码"的行为不构成"侵入"要义，因此主张被告人的行为不构成非法获取计算机信息系统数据罪。本案法院不采纳被告人聂某某辩护人此辩护意见，理由如下。

被告人聂某某在正常工作中，并无权限直接获取提取"优购码"的密文，而是因业务需要，经过审批后才能够查询密文，且查询的目的是维护系统或处理投诉。被告人聂某某超越被害人华为公司的授权范围进入计算机信息系统，在无业务需求情况下，查询并获取密文，将密文转化为明文并转卖非法牟利，属于超越工作权限的范围，侵入计算机信息系统并非法获取计算机信息系统中的数据的行为。被告人的行为极大地危害了华为公司的"优购码"的正常使用，给华为公司正常的营销模式造成危害。

（四）数安港合规评析

1. 非法获取计算机信息系统数据罪中的"侵入"，是指违背被害人的意愿，非法进入计算机信息系统的行为，表现形式既包括采用技术手段破坏防护进入计算机信息系统，也包括未取得被害人授权，擅自进入计算机信息系统，还包括超出被害人授权范围，进入计算机信息系统。企业在日常工作中，对客户平台系统的操作、数据的使用并非无界限，应当在合同、约定、授权范围内开展工作，否则可能会涉嫌犯罪。

2. 健全制度，加强日常监督管理。本案聂某某是个人行为侵害公司利益，如果企业员工个人行为侵害他人利益，并且是基于企业自身规章制度不规范、管理不善导致的，那么企业也可能承担连带责任。为此，企业在运营过程中，尤其是受第三方当事人委托，负责维护对方系统平台、业务数据的时候，更应重视制度建设和人员管理。

022 非法访问数据库应受制裁

——王某某非法获取计算机信息系统数据、非法控制计算机信息系统案*

（一）裁判要旨

本案中，被告人王某某因涉嫌非法获取计算机信息系统数据罪被提起公诉。法院经审理认为，王某某在共同犯罪中起次要、辅助作用，属于从犯；其主动投案并认罪认罚，依法可减轻处罚。基于上述情节，人民法院依据《刑法》的相关规定，判处王某某有期徒刑二年，缓刑二年六个月，并处罚金人民币6万元。

（二）案情简介

2013年5月，瑞某公司在北京成立，该公司通过关联企业与运营商签订广告营销协议，取得服务器登录许可后，利用SD程序抓取用户Cookie信息，并将其存储于Redis数据库中。随后，瑞某公司使用爬虫软件等手段非法访问该数据库，以实现对淘宝、微博等平台账号的强制"加粉"和订单爬取等行为，从中获利。其中，王某某参与了淘宝校验码破解及优化工作。王某某于2019年8月12日向公安机关投案，但未如实供述全部事实。

---

* 浙江省绍兴市越城区人民法院（2019）浙0602刑初1143号。

（三）案件分析

本案揭示了互联网环境下个人信息安全保护面临的严峻挑战。被告人王某某的行为违反了《刑法》第285条的规定，构成非法获取计算机信息系统数据罪。其作为技术开发者，虽非直接发起者，但在明知违法的情况下仍参与实施了相关活动，这表明其对自身职业操守和社会责任缺乏足够认识。值得注意的是，虽然王某某最终选择主动投案，但初期并未全面配合调查，这也影响了对其自首情节的认可程度。综上所述，王某某的行为具有显著的社会危害性，应当受到相应的法律制裁。

（四）数安港合规评析

从合规角度来看，本案凸显了企业在开展业务时必须严格遵守法律法规的重要性。对于涉及大量个人信息处理的企业而言，建立健全的数据安全管理体系尤为关键。

1. 企业应确保所有员工充分了解相关法律规定，避免因无知而触法；

2. 加强内部监督机制，防止任何未经授权的数据访问或操作发生；

3. 一旦发现潜在违规行为，应及时采取补救措施并向有关部门报告，积极配合调查；

4. 注重培养员工的职业道德意识，促使他们在面对利益诱惑时能够坚守原则底线。

总之，唯有将合规理念贯穿于日常运营之中，才能有效预防类似事件的发生，维护良好的市场秩序。

023 跨域网络犯罪的管辖
——张某某、彭某某、祝某、姜某某非法控制计算机系统案[*]

（一）裁判要旨

被告人张某某等通过植入木马程序的方式，非法获取网站服务器的控制权限，进而通过修改、增加计算机信息系统数据，向相关计算机信息系统上传网页链接代码，应当认定为"采用其他技术手段"非法控制计算机信息系统的行为。通过修改、增加计算机信息系统数据，对该计算机信息系统实施非法控制，但未造成系统功能实质性破坏或者不能正常运行的，应当认定为非法控制计算机信息系统罪。

（二）案情简介

张某某、彭某某、祝某、姜某某合谋，在马来西亚吉隆坡租住地，利用技术手段非法入侵并控制有安全漏洞的服务器113台（包括部分政府网站），通过植入木马和上传含赌博广告的静态网页，提升赌博网站在搜索引擎的曝光率，以此赚取广告费用。张某某、彭某某、祝某三人主导了非法控制服务器的行为，而姜某某则负责部分检索工作，并提供账号用于资金转移，协助非法获利，系共同犯罪中的从犯。

---

[*] 江苏省南京市中级人民法院（2019）苏01刑终768号。

（三）案件分析

本案审理法院基于被告人张某某、彭某某、祝某、姜某某违反国家规定，采用其他技术手段，对我国境内计算机信息系统实施非法控制，情节特别严重，判决其构成非法控制计算机系统罪。

1. 对"共犯"的分析

张某某、彭某某、祝某、姜某某事先共谋实施犯罪，在共同犯罪过程中，张某某、彭某某、祝某实施了主要非法控制行为，起主要作用，系主犯；姜某某起次要作用，系从犯。

2. 对"其他技术手段"的分析

被告人张某某等通过向存在漏洞的服务器植入木马程序，非法获取网站服务器的控制器，进而修改、增加计算机信息系统数据，向相关计算机信息系统上传网页链接代码。

3. 对"对计算机信息系统实施非法控制"的分析

张某某、彭某某、祝某、姜某某相互配合，通过植入木马程序，对目标服务器实施非法控制，但未造成系统功能实质性破坏或者不能正常运行，最终提高赌博网站广告搜索引擎命中概率。

4. 对"情节特别严重"的分析

涉案被链接植入木马程序的目标服务器共计113台，根据《关于办理危害计算机信息系统安全刑事案件的解释》第1条第2款第1项的规定，应当认定为"情节特别严重"。

（四）数安港合规评析

1. 案件的管辖对于企业的风险和案件走向具有重要影响。网络犯罪案件由犯罪地公安机关立案侦查。必要时，可以由犯罪嫌疑人居住地公安机关立案侦查。网络犯罪案件的犯罪地包括用于实施犯罪行为的网站服务器所在地，网络接入地，网站建立者、管理者所在地，被侵害的计算机信息系统或其管理者所在地，犯罪嫌疑人、被害人使用的计算机信息系统所在地，被害人被侵害时所在地，以及被害人财产遭受损失地等。

2. 侵入是非法控制的前提，因此非法控制计算机信息系统罪的处罚也比非法侵入计算机信息系统罪的处罚更重。企业不得通过植入木马程序等手段获取对计算机信息系统的操作权限。通过修改、增加计算机信息系统数据，对该计算机信息系统实施非法控制，虽未造成系统功能实质性破坏或不能正常运行，其行为尚不构成破坏计算机信息系统的犯罪行为，但也可以用非法控制计算机信息系统罪进行规制。

024 离职员工权限收回很重要
——吕某某非法控制计算机信息系统案*

（一）裁判要旨

罪名的适用是本案的关键点，吕某某删除的数据为原公司共享服务器中的备份数据和操作日志，未对计算机信息系统的功能造成实质性破坏或者造成系统不能正常运行，不应当认定为破坏计算机信息系统罪。吕某某在离职后仍使用原有管理员账号、密码非法登录原公司服务器，且修改管理员密码、删除数据，对该计算机信息系统实施非法控制，应当认定为非法控制计算机信息系统罪。

（二）案情简介

吕某某系北京某科技公司的IT高级工程师，负责该公司网络机房与服务器管理。2022年7月，吕某某从公司离职。因离职前曾与公司负责人员发生矛盾，吕某某怀恨在心。2023年5月18日晚，吕某某在家中使用其原有的管理员账号和密码，通过其本人手机登录该公司的共享服务器账户，修改管理员密码，并删除共享服务器磁盘中的数据和操作日志。2023年5月19日，北京某科技公司发现大量工作数据丢失，影响正常工作开展，后为恢复数据共计花费12万余元。

2023年11月8日，北京市昌平区人民法院作出一审判决，以非法控制计算机信息系统罪判处吕某某有期徒刑三年，缓刑五年，罚金3万元。

---

* 最高人民检察院"依法惩治网络犯罪 助力网络空间综合治理"典型案例。

（三）案件分析

非法控制计算机信息系统罪与破坏计算机信息系统罪在对象要件、行为要件、后果要件方面有不同之处。非法控制计算机信息系统罪针对的是国家事务、国防建设、尖端科技领域以外的计算机信息系统；破坏计算机信息系统罪没有对象限制。非法控制计算机信息系统罪重在"控制"，即通过技术手段使计算机信息系统能够按照其指令运行；破坏计算机信息系统罪重在"破坏"，即实施删除、修改、增加、干扰等行为，使计算机信息系统不能正常运行或不能按照设计运行。构成非法控制计算机信息系统罪要求"情节严重"，侧重于行为手段的危害性；破坏计算机信息系统罪要求"后果严重"，侧重于行为造成的后果危害性。

本案中，吕某某在离职后仍使用原有管理员账号、密码非法登录原公司服务器，删除的数据为原公司共享服务器中的备份数据和操作日志，未造成计算机信息系统不能正常运行或者不能按照授权人指令要求运行，以非法控制计算机信息系统罪定罪处罚，而不能一律认定为破坏计算机信息系统罪。

（四）数安港合规评析

该案案发与被害公司在数据与网络安全管理上存在漏洞有重要关系，导致已离职员工可以使用原有账号、密码登录公司服务器账户并删除数据。数据公司应该建立健全网络数据安全保护体系，增强数据信息保护和网络系统安全防范能力。

025 游戏外挂是把"双刃剑"
——周某等涉提供侵入、非法控制计算机信息系统程序、工具案[*]

（一）裁判要旨

在明知游戏外挂程序能够影响游戏正常运行的情况下，仍参与或协助外挂程序的制作与销售，情节严重的，依法构成提供非法控制计算机信息系统程序罪。

（二）案情简介

2020年10月至2021年5月，周某经与孙某某等人共同商议，由周某联系姚某获取《原神》游戏的相关数据并解包成汇编语言和lua脚本语言，提供给周某用于开发与制作该游戏的"KQ"外挂程序，由孙某某联系刘某、王某甲（均另案处理）对外进行销售，让外挂使用者获得吸怪、技能无冷却、无敌秒杀、超级加速、自动拾取、飞天等正常游戏中不具备的功能。孙某某以支付宝转账等形式向刘某、王某甲收取出售外挂程序的钱款。经司法鉴定，2020年10月至2021年5月，周某等人出售各类外挂卡共计44,135张（包含天卡、周卡、月卡），非法获利共计人民币199.488万元。

（三）案件分析

本案法院基于被告人结伙，提供非法控制计算机信息系统的程序，

---

[*] 上海市徐汇区人民法院（2021）沪0104刑初709号。

情节特别严重，判决其均构成提供非法控制计算机信息系统程序罪。

1. 对"提供"行为的分析

"提供"代表行为人将程序、工具有偿或无偿地交给他人，行为人对于交付物有一定认知。本案中，被告人设计的"KQ"外挂程序专门为外挂使用者提供正常游戏中不具备的功能，被告人将其有偿对外进行售卖属于"提供"行为。

2. 对"情节特别严重"的分析

本案中，被告人对外出售各类外挂卡共计44,135张，非法获利近200万元，根据《关于办理危害计算机信息系统安全刑事案件的解释》第3条第2款第1项的规定，本案已构成"情节特别严重"。

（四）数安港合规评析

1. 企业在作为程序设计者时，应对功能设计谨慎把控，避免对外提供外挂程序。提供外挂程序风险较高，外挂依附企业不仅可以向外挂程序提供者主张民事赔偿，还可要求其承担刑事责任。

2. 企业往往是外挂行为的直接受害者，为了尽可能降低外挂行为对自身的影响，企业应尽量做好技术防护，定期内部排查是否有异常情况；同时，公司也应加强风险防控和内部管理。一旦外挂超出了企业自身抵御能力，企业应及时向司法部门求助，以法律武器捍卫自己的合法权益。

026 离职员工惹事端
——韦某某非法侵入计算机信息系统罪案*

（一）裁判要旨

非法侵入计算机信息系统罪的侵害对象特定，对于被侵入系统是否属于"国家事务"领域的计算机信息系统难以确定的，应当委托省级以上负责计算机信息系统安全保护管理工作的部门检验。司法机关将根据检验结论，并结合案件具体情况认定是否构成非法侵入计算机信息系统罪。

（二）案情简介

韦某某先后在三家公司工作，其间因工作需要，由其公司在广东电力市场交易系统分别注册了两个账号，韦某某使用上述账号登录后，多次通过非法的 URL 链接（漏洞），侵入该系统，并非法下载全部市场主体的报价申报等非公开数据。经广东省公安厅网络警察总队鉴定：广东电力市场交易系统属于国家事务类计算机信息系统。最终法院判决被告人韦某某犯非法侵入计算机信息系统罪，判处有期徒刑二年。

（三）案件分析

本案审理法院基于被告人提供专门用于侵入计算机系统的程序，情节特别严重，判决其构成提供侵入计算机系统程序罪。

---

* 广东省广州市越秀区人民法院（2019）粤 0104 刑初 1253 号。

1. 对广东电力市场交易系统属于"国家事务"类计算机信息系统的分析

根据《关于办理危害计算机信息系统安全刑事案件的解释》第10条的规定，对于是否属于《刑法》第285条、第286条规定的"国家事务、国防建设、尖端科学技术领域的计算机信息系统"难以确定的，应当委托省级以上负责计算机信息系统安全保护管理工作的部门检验。司法机关根据检验结论，并结合案件具体情况认定。

2. 对"非法侵入计算机信息系统"的分析

虽然本案被告人辩称其电脑等电子设备可能被黑客入侵，但公安机关从韦某某个人占有使用的不同住所、不同电子设备，特别是移动硬盘等存储介质上均查获涉案非公开数据、非法链接等资料，经检测亦未发现其所辩称的被黑客入侵的痕迹。

（四）数安港合规评析

企业对于员工违反保密义务故意泄露企业数据的行为，可以根据案件性质、涉案金额、涉案手段、案件影响等因素选择相应的救济手段。如果涉案金额不大，可以采取民事诉讼手段维护自身权益；如果该员工的行为已触犯刑法，应该立即报警，防止损害的扩大。

027 侵入政府网站后果很严重
——贺某某非法侵入计算机信息系统案*

（一）裁判要旨

非法侵入计算机信息系统工具罪侵犯的计算机信息系统是指国家事务、国防建设、尖端科学技术等特定领域，地方政府网站也属于上述的特定领域。该罪中的"侵入"包括侵入计算机信息系统和非法获取计算机信息系统数据两种行为模式，两者居其一即可。同时，通过非法侵入计算机信息系统的方式非法获取公民个人信息的行为，同时构成非法侵入计算机信息系统罪和侵犯公民个人信息罪，应择一重罪处罚。

（二）案情简介

贺某某通过从网上购买的抓包程序及自己编写的脚本软件，利用网站系统漏洞非法侵入广东省人民政府网、北京医保公共服务网等24个政府网站获取公民个人信息，之后出售给杨某（另案处理）等人。贺某某将公民个人信息出售给杨某，获得购买公民个人信息款11,734.6元。开封市龙亭区人民检察院认为，被告人贺某某违反国家有关规定，非法侵入国家事务领域计算机信息系统，犯罪事实清楚，证据确实、充分，应当以非法侵入计算机信息系统罪追究其刑事责任。

---

* 河南省开封市龙亭区人民法院（2023）豫0202刑初117号。

（三）案件分析

本案法院基于被告人行为人违反国家规定，故意实施了侵入国家事务、国防建设、尖端科学技术领域计算机信息系统的行为，判决其构成非法侵入计算机信息系统罪。

1. 对"侵入对象"的分析

非法侵入计算机信息系统罪侵入对象是指国家事务、国防建设、尖端科学技术领域计算机信息系统。具体在司法实务中，地方政府网站、政务公开或网络办公系统甚至是电力市场交易系统都被认定为属于国家事务的计算机信息系统。本案中，被告人非法侵入的广东省人民政府网、北京医保公共服务网等24个政府网站，属于对非法侵入计算机信息系统罪所规定的犯罪对象。

2. 对"侵入行为"的分析

非法侵入计算机信息系统罪属于行为犯，即违反国家规定，侵入国家事务、国防建设、尖端科学技术领域的计算机信息系统的，构成本罪，是对国家事务、国防建设、尖端科学技术领域的特殊保护。本案中，被告人实施了非法侵入广东省人民政府网、北京医保公共服务网等24个政府网站行为，已经构成非法侵入计算机信息系统罪，是否实质获取该计算机信息系统中存储、处理或者传输的数据并不影响本罪的构成。

3. 对"犯罪情节"的分析

非法侵入计算机信息系统罪并未对犯罪情节进行规定，意味着侵入即构罪。未达情节严重不构成犯罪针对的是具有特殊重要性的国家事务、国防建设、尖端科学技术领域以外的非法控制计算机信息系统、非法获取计算机信息系统数据犯罪。

（四）数安港合规评析

1. 非法侵入计算机信息系统罪的构罪门槛相对较低，本案属于行为犯，只要实施了侵入行为即构成本罪，并且对犯罪情节没有要求。因此，信息企业在进行技术创新和数据抓取时要注意避免对国家事务、国防建设、尖端科学技术领域计算机信息系统的侵入。

2. 信息企业在使用爬虫技术等数据抓取技术时要搭建合规框架。要注意使用爬虫技术抓取信息的内容，避免侵权风险；访问的网页或系统不得对涉密国家事务、国防建设、尖端科学技术领域的网站和计算机信息系统进行爬取。

028 为"刷流量"提供软件技术支持涉罪判刑
——蔡某某提供侵入计算机信息系统程序罪案*

（一）裁判要旨

被告人蔡某某未经授权而开发"星援"App，运用多种手段避开了微博服务器的安全保护措施，侵入计算机系统，其行为具有社会危害性，构成侵入计算机信息系统程序罪。同时，使用者是否构罪以及是否被追诉并不影响对提供者的行为评价，故而对被告人蔡某某进行定罪处罚不违背共犯理论。

（二）案情简介

蔡某某未经北京 W 公司网络技术有限公司授权，开发"星援"App，有偿提供绕过新浪微博登录即可批量转发微博的服务。该软件通过截取新浪微博服务器中对应账号的相关数据，后使用与其截取数据相同的网络数据格式向该服务器提交数据并完成交互，实现不登录新浪微博客户端即可转发及自动批量转发微博博文的功能。至案发，该软件控制端账号达 19 万余个，绑定微博账号超百万个，蔡某某非法获利超 625 万元。

北京市丰台区人民检察院指控被告人蔡某某已构成侵入、非法控制计算机信息系统程序、工具罪。

---

* 北京市丰台区人民法院（2019）京 0106 刑初 1813 号。

(三）案件分析

本案审理法院基于被告人提供专门用于侵入计算机系统的程序，情节特别严重，判决其构成提供侵入计算机系统程序罪。

1. 对"提供"的分析

蔡某某未获得授权而自行开发"星援"App，有偿为他人提供不需要登录新浪微博客户端即可转发及自动批量转发微博博文的服务。后大量用户以向"星援"App充值的形式有偿使用该软件。

2. 对"专门用于侵入计算机系统的程序"的分析

"星援"App避开计算机信息系统安全保护措施，未经授权侵入计算机信息系统数据，且功能具有单一性。其通过反编译等手段获取微博服务器与客户端之间的网络数据格式，后使用与其截取数据相同的网络数据格式向该服务器提交数据并完成交互，使该应用得以伪装成正常的客户端和被害单位服务器之间进行数据交互，且在转发微博博文时随机生成不同的硬件设备信息，避开了微博服务器对同一客户端连续请求的限制措施，且该应用功能仅针对新浪微博用户。

3. 对"情节特别严重"的分析

至案发时该软件已有用户使用19万余个控制端微博账号登录，上述控制端账号绑定微博账号超百万个，被告人蔡某某获取违法所得人民币6,253,752.86元。

（四）数安港合规评析

1. 企业研发手机App应当确保得到其正常运作所涉软件的正规授权，并且严格在授权范围内运作。手机App使用技术手段绕过授权验证，直接与平台进行交互，该行为属于侵入计算机信息系统。

2.提供网络金融服务身份认证信息的专门性程序以外专门用于侵入、非法控制计算机信息系统的程序、工具20人次以上的，违法所得5000元以上或者造成经济损失10,000元以上的均属于情节严重。而数额或数量达到前述标准的5倍以上则属于情节特别严重，企业需要严格把控数额和数量的"红线"，以免涉嫌侵入计算机信息系统罪。

029 封堵、屏蔽回传的数据流也能涉罪获刑

——某电信技术（北京）有限公司、北京某网络技术有限公司等破坏计算机信息系统案[*]

（一）裁判要旨

中国联通、中国电信通过在客户终端计算机安装探针软件，并由探针软件回传带宽数据监督系统计算机检索分析的方式，监督客户终端使用的带宽流量是否为正规渠道销售的带宽流量。探针软件与监测系统形成功能相互依赖的计算机信息系统整体，系刑法保护的计算机信息系统。某公司、北京中某公司、北京首某公司、辽宁某公司针对探针软件传输的数据或监督系统平台内处理的数据实施的删除、修改、干扰的行为均应认定为破坏计算机信息系统的行为。

（二）案情简介

2017年12月至2019年1月，某公司、北京中某公司、北京首某公司、辽宁某公司为隐藏其违规销售宽带的行为，雇用某犯罪团伙，针对中国电信、中国联通的大带宽违规监测系统以及检测探针，采取在IDC机房安装具有封堵功能的ACL程序，对客户端检测探针的传输数据进行封堵、引流、屏蔽，并勾结中国电信监督系统维护公司技术人员直接对进入电信监督系统计算机的报警数据进行删除或加入所谓"白名单"，以及直接侵入埃森诺公司维护的联通监测预警系统计算

---

[*] 辽宁省沈阳市浑南区人民法院（2020）辽0112刑初200号。

机,采取直接删除违规 IP 地址等行为,造成运营商带宽监督预警系统功能无法全部实现,以达到非法获利目的。

沈阳市浑南区人民检察院指控被告单位某公司、北京中某公司、北京首某公司、辽宁某公司已构成破坏计算机信息系统罪。被告人徐某某及黄某某、彭某、孙某某分别系对被告单位破坏计算机信息系统行为直接负责的主管人员和其他直接责任人员,其行为均已构成破坏计算机信息系统罪。

(三)案件分析

本案法院基于被告单位违反国家规定,对计算机信息系统功能和信息系统中存储、处理、传输的数据和应用程序进行破坏,造成计算机信息系统不能正常运行,后果严重,判决其构成破坏计算机信息系统罪。

1. 对"计算机信息系统功能和信息系统中存储、处理、传输的数据和应用程序"的分析

"计算机信息系统功能"是指在计算机中,按照一定的应用目标和规则对信息进行采集、加工、存储、传输、检索的功用和能力;"计算机信息系统中存储、处理、传输的数据"是指在计算机信息系统中实际处理的一切文字、符号、声音、图像等内容有意义的组合;"应用程序"是指用户使用数据库的一种方式,是用户按数据库授予的子模式的逻辑,书写对数据库操作和运算的程序。

本案中,中国联通、中国电信通过在客户终端计算机安装探针软件,并由探针软件向监督系统计算机回传 IP 数据,回传的数据包括带宽属性、来源地、所属公司等内容,监测系统平台具有采集、存储探

针软件回传数据，并对该数据进行检索、分析，以实现监督、预警的功能。探针软件与监测系统形成功能相互依赖的计算机信息系统整体，系刑法保护的计算机信息系统。

2. 对"造成计算机信息系统不能正常运行，后果严重"的分析

被告单位为达到利用公司违规买卖带宽获利，且不被中国联通、中国电信公司监督系统发现的目的，雇用犯罪团伙，采取封堵、引流、屏蔽传输数据、侵入系统直接删除违规 IP 地址等方式，使运营商监督预警系统计算机无法对报警数据进行分析、评价，进而造成计算机系统功能无法全部实现，系统功能目的部分遭到破坏，严重侵犯了计算机信息系统安全。

（四）数安港合规评析

1. 破坏计算机信息系统罪的定义不局限于针对某一计算机系统的侵犯，对传输数据进行封堵、引流、屏蔽和破坏系统部分功能等行为均可认定为破坏计算机信息系统罪。《刑法》第 286 条第 1 款也明确规定"对计算机信息系统功能进行删除、修改、增加、干扰，造成计算机信息系统不能正常运行，后果严重的"，须予以相应处罚。

2. 销售穿透流量被认为是行业默许的行规，但是普遍行为并不等同于合法合规行为，《电信条例》第 69 条明确规定超范围经营电信业务需予以相应处罚。

030 IT员工离职的风险防范
——白某某破坏计算机信息系统案*

（一）裁判要旨

被告人基于报复心理，在明知其行为可能会影响计算机系统正常运行的前提下，多次通过VPN通道使用远程桌面连接某医院财务（ERP）服务器及其他服务器，通过修改密码、创建管理员账户、删除文件等操作，直接导致医院40余台计算机设备无法正常运行，造成医院正常工作瘫痪，最终认定白某某犯破坏计算机信息系统罪。

（二）案情简介

白某某自2014年6月入职西安莲湖某中医医院担任网络管理员工作，2021年3月中旬辞职。白某某认为，该医院常拖欠其工资、领导对其工作不重视，继而产生报复心理。2021年3月14日至5月14日，白某某在其辞职后未经某中医医院知情并同意的情况下，通过该医院VPN（虚拟专用网络）连接，多次通过远程桌面登录某中医医院服务器进行操作，重置了医院的路由器；又在企业资源管理软件（ERP）上更改管理员密码，并重新创建服务器系统账户；还将ERP服务器作为跳板，进入医院的NODE2服务器内的虚拟机管理系统，将DC2域控虚拟机文件删除，直接导致医院40余台计算机无法加域，网络连接出现异常，无法远程访问体检、病人病历等系统数据，医院网络信息管

---

* 陕西省西安市莲湖区人民法院（2021）陕0104刑初851号。

理系统失效。事发后，现任网管无法登录 ERP 服务器管理员账户进行维护，严重影响了医院的正常运营。

西安市莲湖区人民检察院指控被告人白某某行为已构成破坏计算机信息系统罪。

（三）案件分析

本案法院基于被告人违反国家规定，对计算机信息系统功能进行删除、修改、增加，造成其原任职的医疗机构计算机信息系统不能正常运行，后果严重，判决其构成破坏计算机信息系统罪。

1. 对"对计算机信息系统功能进行删除、修改、增加，造成……计算机信息系统不能正常运行"的分析

计算机信息系统功能是指计算机系统内，按照一定的应用目标和规则，对信息进行采集、加工、存储、传输、检索等的功能；造成计算机信息系统不能正常运行，包括使计算机信息系统不能运行和不能按原来的设计要求运行。该案中，被告人白某某远程登录修改某医院服务器管理员密码、创建新账户、删除 DC2 域控虚拟机文件等行为，造成该医院网络信息管理系统功能失效，无法正常运行，严重影响了医院的正常运营。

2. 对"后果严重"的分析

经查明，该案中某中医医院报案时收集的故障电脑图片资料显示有 40 余台电脑出现不能加域、上网、共享和连接打印机等故障，认定被告人行为造成 40 余台计算机系统不能正常运行。根据《关于办理危害计算机信息系统安全刑事案件的解释》第 4 条第 1 款的规定，应认定为"后果严重"。

（四）数安港合规评析

1. 企业应加强系统安全隐患排查的力度，要避免各类服务器、平台、软件出现高危漏洞、高危端口、弱口令等安全隐患，以防不法分子通过此类隐患入侵计算机信息系统，造成数据泄露、病毒勒索、网络中断等安全事件。

2. 企业应完善内部系统安全管理制度的建设，对系统权限的设置应遵循最小化原则；对已经离职的员工应及时取消相关权限，并适时或定期修改各类管理密码。

031 修改"成绩单"锒铛入狱
——陈某某破坏计算机信息系统案*

(一)裁判要旨

陈某某在担任赤壁市某针纺印染有限公司污水处理站主管人员期间,为避免污水排放超标而被扣除奖金,修改公司环境质量监测系统的参数,其行为构成破坏计算机信息系统罪。

(二)案情简介

2019年至2021年12月,陈某某在担任赤壁市某针纺印染有限公司污水处理站主管人员期间,明知赤壁市某针纺印染有限公司系咸宁市重点排污单位,为了避免污水排放超标而扣除奖金,便进入该公司污水污染源在线监控设施站房,修改化学需氧量参数57次,导致污水污染源在线监测设备不能真实反映化学需氧量污染物排放情况。2022年5月6日,陈某某到赤壁市公安局投案自首。

(三)案件分析

本案法院基于被告人明知公司是重点排污单位的情况下,私自修改公司环境质量检测系统的参数,导致污水污染源在线监测设备不能真实反映化学需氧量污染物排放情况,判决被告人构成破坏计算机信息系统罪。被告人犯罪后自动投案、如实供述,认定自首;被告人认

---

* 湖北省赤壁市中级人民法院(2023)鄂1281刑初150号。

罪认罚，可予以从宽处理。

1. 对"计算机信息系统"的分析

根据《关于办理危害计算机信息系统安全刑事案件的解释》第11条的规定，计算机系统、计算机信息系统是指具备自动处理数据功能的系统，包括计算机、网络设备、通信设备、自动化控制设备等。本案污水污染源在线监测设备具备自动处理数据的功能，属于计算机信息系统。

2. 对"修改环境质量监测系统参数行为"的分析

《最高人民法院、最高人民检察院关于办理环境污染刑事案件适用法律若干问题的解释》[①] 第11条第1款第1项规定："违反国家规定，针对环境质量监测系统实施下列行为，或者强令、指使、授意他人实施下列行为，后果严重的，应当依照刑法第二百八十六条的规定，以破坏计算机信息系统罪处罚：（一）修改系统参数或者系统中存储、处理、传输的监测数据的……"本案陈某某在明知的情况下，修改公司污水污染源在线监控设施参数，构成破坏计算机信息系统罪。

3. 对"自首"的分析

《刑法》第67条第1款规定，犯罪以后自动投案，如实供述自己的罪行的，是自首。本案陈某某犯罪后自动到赤壁市公安局投案，如实供述自己的罪行，属于自首。《刑事诉讼法》第15条规定，犯罪嫌疑人、被告人自愿如实供述自己的罪行，承认指控的犯罪事实，愿意接受处罚的，可以依法从宽处理。本案陈某某认罪认罚，可依法从宽处理。

---

① 法释〔2023〕7号。

（四）数安港合规评析

1. 计算机信息系统权限设置要规范，核心参数要设置多重认证机制。企业在搭建系统平台时，一定要重视系统的权限管理，除常规设定不同权限用户角色外，在计算机信息系统的核心参数设置上，建议增加多重认证机制，避免单独一人操作即可对系统造成重大影响。

2. 健全制度，加强日常监督管理。本案陈某某在 2019 年至 2021 年 12 月长达两年多的时间内修改参数 57 次，均未被发现，最后还是自动投案，才被发现提起公诉。可见陈某某所在公司缺乏日常监督管理，陈某某才能长期从事违法行为。再好的计算机信息系统总有漏洞，安全管理最终落在人员管理上，人员管理又落在制度健全上。企业在加强平台系统安全建设的同时，要完善管理制度，从人员管理方面抓好平台系统的安全管理。

032 贩卖恶意程序的代价
——王某某破坏计算机信息系统案*

（一）裁判要旨

为谋取非法利益，故意传播破坏性程序，干扰他人手机正常使用，且造成严重后果，其行为已经构成破坏计算机信息系统罪。

（二）案情简介

2019年1月至6月，王某某从广东省清远市熊某等人处购得破坏性程序"名流（幽灵）短信轰炸机"代理权，后通过微信朋友圈向25人次售卖该程序，供他人干扰目标手机的正常使用，且以此获取非法利益。此行为不仅导致目标手机用户遭受短信轰炸的困扰，严重影响了用户手机系统的正常运行，而且破坏了计算机信息系统的安全稳定。根据微信交易记录、电子数据检查笔录以及广东省公安厅提供的涉案软件后台记录等证据，王某某的非法获利数额达3464元。

江苏省沭阳县人民检察院认为，被告人王某某故意传播破坏性程序，影响计算机系统正常运行，后果严重，应当以破坏计算机信息系统罪追究其刑事责任。被告人王某某归案后如实供述其犯罪事实，可以从轻处罚。被告人王某某认罪认罚，可以从宽处理。

---

* 江苏省宿迁市沭阳县人民法院（2022）苏1322刑初63号。

(三)案件分析

本案法院基于被告人为获取非法利益,故意传播具有干扰手机正常使用的"名流(幽灵)短信轰炸机"程序,后果严重,其行为已构成破坏计算机信息系统罪。被告人王某某归案后如实供述自己的罪行,予以从轻处罚。被告人王某某主动退出违法所得,酌情予以从轻处罚。被告人王某某自愿认罪认罚,予以从宽处理。

1. 对"故意传播恶意程序,是否构成破坏计算机信息系统罪"的分析

《刑法》第286条前3款规定:"违反国家规定,对计算机信息系统功能进行删除、修改、增加、干扰,造成计算机信息系统不能正常运行,后果严重的,处五年以下有期徒刑或者拘役;后果特别严重的,处五年以上有期徒刑。违反国家规定,对计算机信息系统中存储、处理或者传输的数据和应用程序进行删除、修改、增加的操作,后果严重的,依照前款的规定处罚。故意制作、传播计算机病毒等破坏性程序,影响计算机系统正常运行,后果严重的,依照第一款的规定处罚。"

本案王某某为获取非法利益的目的,说明其明知,属于故意行为。王某某通过微信朋友圈售卖该"名流(幽灵)短信轰炸机"程序25人次,属于传播计算机病毒等破坏性程序行为。供他人干扰目标手机的正常使用,影响了计算机系统的正常运行。因此,王某某构成破坏计算机信息系统罪。

2. 对"从轻处罚、从宽处理"的分析

王某某虽然不存在自首情节,但《刑法》第67条第3款规定,犯

罪嫌疑人虽不具有前两款规定的自首情节，但是如实供述自己罪行的，可以从轻处罚。《刑事诉讼法》第 15 条规定犯罪嫌疑人、被告人自愿如实供述自己的罪行，承认指控的犯罪事实，愿意接受处罚的，可以依法从宽处理。本案王某某认罪认罚，可依法从宽处理。

（四）数安港合规评析

1. 企业应避免购买使用违法、违规程序。一些企业在日常工作中，为了便于批量处理一些数据、信息等，往往会在网上购置一些未经官方认证的插件、小程序等，这类插件、小程序增强了正规软件的部分功能，提升了办公效率，但也埋下了破坏计算机信息系统的伏笔，一不小心就会越过合法的界限，构成犯罪。为此，建议企业务必遵守相关法律规范，避免使用违法、违规程序。

2. 增强法律意识，维护自身权益。企业在经营过程中，如遇到类似本案中的干扰情形，可以及时保留证据、线索，第一时间报案，维护自身合法权益。

三、利用信息网络犯罪

033 出售物联网卡获罪
——上海W公司、吴某某等帮助信息网络犯罪活动案*

（一）裁判要旨

明知他人可能利用信息网络实施犯罪，仍违反国家规定，违规将物联网卡"裸卡"出售，为他人犯罪提供互联网接入等帮助，情节严重的，构成帮助信息网络犯罪活动罪。

（二）案情简介

上海W公司是一家从事物联网卡设备销售业务的公司，吴某某为董事长。2019年7月，吴某某通过其名下其他公司从某网络通信公司购买50万张物联网卡，根据合同约定，该物联网卡仅可为吴某某名下公司自营产品使用，不得接入互联网公网。但为赚取流量差价，吴某某通过W公司违规改变所购物联网卡用途，开通链路接入互联网业务。自2019年10月起，吴某某以W公司名义违规向下级代理商销售物联网卡共计40余万张。自2019年12月起，吴某某通过物联网卡管理维护系统发现下级代理商利用接码平台批量激活物联网卡以规避实名认证，但吴某某未加制止，予以放任。2019年12月至2020年5月，吴某某多次接到云南、葫芦岛、威海警方以及运营商的调查通告，但

---

* 山东省威海火炬高技术产业开发区人民法院（2021）鲁1091刑初1号。

其向相关部门递交虚假证明，试图混淆调查。在关停了涉嫌犯罪的494张卡后，仍继续开通其余物联网卡接入互联网的服务。至2020年12月31日，W公司、吴某某通过销售涉案50万张物联网卡非法获利人民币373,198.23元。

（三）案件分析

本案法院基于被告单位明知他人可能利用信息网络实施犯罪，仍为他人犯罪提供互联网接入等帮助，情节严重，判决其构成帮助信息网络犯罪活动罪；基于被告人吴某某在单位犯罪中起决定作用，系直接负责的主管人员，判决其构成帮助信息网络犯罪活动罪。

1. 对"为他人犯罪提供互联网接入等帮助"的分析

根据《最高人民法院、最高人民检察院、公安部关于办理电信网络诈骗等刑事案件适用法律若干问题的意见（二）》[①] 第7项第2款的规定，为他人利用信息网络实施犯罪而收购、出售、出租他人手机卡、流量卡、物联网卡的，可以认定为《刑法》第287条之二规定的"帮助"行为。

本案中，W公司、吴某某在明知物联网卡可能被用于违法犯罪的情况下，违规向下级代理商销售物联网卡，属于"为他人犯罪提供互联网接入等帮助"中的"帮助"行为。

2. 对"情节严重"的分析

被告单位、被告人因本案获取违法收益30余万元，根据"两高"司法解释第12条的规定，本案已构成情节严重。

---

① 法发〔2021〕22号。

（四）数安港合规评析

1. 企业应积极建立、完善风控制度。包括但不限于：在企业内部明确岗位职责、进行职责分工，防止权力集中和职务滥用；在对外进行决策前设置决策节点、审批节点，减少错误和不当行为的发生；同时，企业还可以设立内部举报制度，为员工提供匿名或实名举报的渠道，以"不可漏抓"的态度尽量规避合规风险。

2. 建议企业周期性复盘历史客户，结合社会案例与内部风险管理情况，对历史客户的风险情况做综合性评估，及时调整和优化对客户的评估模型。

3. 企业应积极配合相关监管部门的检查和监督工作，畅通信息渠道，对于监管部门发送的信息及时查收，真实准确地提供相关资料，对于监管部门提出的要求认真落实，不抱有侥幸心理。

034 非法提供GOIP服务被追刑

——成都某信息技术有限公司、文某某、曾某某等帮助信息网络犯罪活动案[*]

（一）裁判要旨

单位明知他人利用信息网络实施犯罪，仍为其提供帮助，情节严重的，构成帮助信息网络犯罪活动罪。单位直接负责的主管人员和其他直接责任人员亦构成帮助信息网络犯罪活动罪。

（二）案情简介

文某某于2011年与他人合资成立成都某信息技术有限公司（以下简称某公司），其担任公司监事，全面管理公司各项业务。

自2019年9月起，某公司从事经营GOIP语音网关设备配套呼叫软件系统的托管服务。在此期间，某公司为"好玩娱乐财务""尊上""大唐网络"等客户提供GOIP语音网关设备、配套呼叫软件系统以及软件系统的托管服务，在对前述客户的呼叫软件系统进行语音监听时，某公司发现其可能利用GOIP语音网关设备进行电信诈骗、网络赌博等违法犯罪活动，但仍继续提供技术支持，获取违法所得。

至2020年3月，某公司某客户因涉及电信诈骗案被陕西安康市镇平县公安机关调查，文某某在配合警方调查期间，为规避风险，将GOIP设备从公司转移至曾某某、梁某某二人家中，要求二人继续提

---

[*] 四川省成都市成华区人民法院（2020）川0108刑初586号。

供 GOIP 语音网关设备配套呼叫软件系统的托管服务及技术支持。经调查，多起诈骗案中被告人使用的手机卡（手机号码）均系通过使用某公司的 GOIP 语音网关设备进行拨打的。

（三）案件分析

本案法院基于被告单位明知他人利用信息网络实施犯罪，仍为其提供帮助，情节严重，判决其构成帮助信息网络犯罪活动罪；基于被告人在此案中系直接负责的主管人员或其他直接责任人员，判决其均构成帮助信息网络犯罪活动罪。

1. 对"明知他人利用信息网络实施犯罪"的分析

在帮助信息网络犯罪活动罪中，对"明知"的判断可以参照"两高"司法解释第 11 条的规定，在本案中，被告单位、被告人通过监听已明知被帮助单位利用其服务进行违法犯罪活动，其在配合警方调查期间还采用转移设备的方式逃避监管、规避调查。综上所述，被告单位、被告人应为主观明知。

2. 对"情节严重"的分析

本案中，被告人、被告单位明知他人利用信息网络实施犯罪，仍为 3 个以上的对象提供帮助，违法所得远超 10,000 元，根据"两高"司法解释第 12 条的规定，本案已构成情节严重。

（四）数安港合规评析

1.2022 年 9 月 2 日，《反电信网络诈骗法》正式发布，并从 2022 年 12 月 1 日起正式实施。《反电信网络诈骗法》第 14 条第 1 款第 1 项、第 2 项明确规定，任何单位和个人不得非法制造、买卖、提供或者使用电话卡批量插入设备，以及具有改变主叫号码、虚拟拨号、互联网电话违规接入公用电信网络等功能的设备。企业使用 GOIP 语音网关，不仅可能构成帮助信息网络犯罪活动罪，还可能涉及诈骗罪，面临更重的刑罚。

2. 企业应关注自身经营模式、管理模式的合规性。在业务开展前，企业应尽合理注意义务，审查从事的业务范畴是否具有违法违规的可能性，在审慎评估后开展业务；在业务开展过程中，企业也应关注法律法规、监管动向，对自身业务持续防控，确保业务输出合法合规。

3. 企业应注意对客户的合规管理。在双方合作前，企业可以通过核查工商资料、业务模式、司法诉讼等资料，评估拟合作对象是否合法合规运营，开展尽职调查；在签订合同阶段，企业可以要求客户承诺仅将自身产品用于合法合规经营用途，在协议中作兜底承诺；在合作过程中，企业如果发现或者有迹象表明客户利用自身服务实施网络犯罪，应立即停止合作。

035 帮信罪的另一种形式：提供对公银行账户
——张某某帮助信息网络犯罪活动案*

（一）裁判要旨

被告人明知他人利用信息网络实施犯罪，仍然提供名下公司账户优盾、银行卡、营业执照等资料给他人，导致该公司银行账户为诈骗犯罪提供了支付结算帮助，情节严重，其行为已构成帮助信息网络犯罪活动罪。

（二）案情简介

2023年6月，张某某在某处看到收购闲置公司广告，遂想将自己名下的山东某绿化苗木有限公司转让。张某某添加对方微信后，对方称需要邮寄公司账户优盾、银行卡、营业执照等资料，对方承诺资料审核完毕转让公司后给张某某6.5万元好处费。张某某同意后将山东某绿化苗木有限公司账户开户信息、账户优盾、银行卡、公司营业执照正副本复印件等资料邮寄给对方，并告知对方银行账户密码。后张某某得知银行卡账户被冻结，一直未能联系上对方，张某某未获利。

经查，2023年7月13日，山东某绿化苗木有限公司银行账户进账452,500余元，其中有287,500元是电信诈骗受害人转入的资金，曲某峰被诈骗6万元，王某云被诈骗97,500元，吕某娟被诈骗13万元，均转入山东某绿化苗木有限公司银行账户。

---

* 山东省济南市莱芜区人民法院（2024）鲁0116刑初128号。

（三）案件分析

本案法院基于被告人明知他人利用信息网络实施犯罪，为犯罪提供支付结算帮助，情节严重，判决其构成帮助信息网络犯罪活动罪。

1. 对"明知他人利用信息网络实施犯罪"的分析

根据"两高"司法解释第11条的规定，案件或者行为人具备了该条文所列举的7种情形，控方就可以推定行为人主观上明知他人利用信息网络实施犯罪，具备了本罪的主观归责要素。本案中，被告人直接邮寄公司账户优盾、银行卡、营业执照等资料并期望得到65,000元好处费的行为，属于交易价格或者方式明显异常，可以推定该被告人主观明知。

2. 对"为犯罪提供支付结算帮助"的分析

在被帮助对象实施的是电信网络诈骗犯罪的情形下，按照对"为其犯罪提供支付结算帮助"的文义理解，是为犯罪（符合构成要件的不法行为）而非一般违法活动提供支付结算帮助。因此，将支付结算金额解释为电信网络诈骗的犯罪金额（也就是违法所得或者被骗金额）是符合语义逻辑的。经查明，本案被告人所提供的公司银行账户进账中有287,500元是电信诈骗受害人转入的资金，属于电信网络诈骗的犯罪金额。

3. 对"情节严重"的分析

本案被告人明知他人利用信息网络实施犯罪，为其犯罪提供帮助，提供的公司银行账户支付结算金额达到287,500元，根据"两高"司法解释第12条第2款的规定，已构成情节严重。

（四）数安港合规评析

1. 对公账户是以公司名义在银行开立的用于公司资金往来结算的账户，包括基本账户、一般账户和专用账户等，企业应完善账户的使用安全管理制度，确保资金流动的安全性和稳定性，避免对公账户成为违法犯罪的"帮手"。

2. 根据《公司法》和《民法典》的相关规定，公司转让对公账户应当经过双方协商，签订转让协议，并按照协议约定办理转让手续；同时，在转让协议中应当明确双方的权利义务、转让价格、转让方式等事项。转让方式明显异常的应当推定其可能用于违法犯罪。

036 可操纵虚拟币交易平台成犯罪工具

——重庆某科技有限公司、吴某等帮助信息网络犯活动案*

（一）裁判要旨

被告人吴某在明知 H 平台存在后台管理权限及机器人虚构交易量从而可以人为暴力拉伸数字虚拟货币的价格的情况下，仍然指使他人按照 K 某的要求制作了机器人系统插件、新币申购、锁仓系统及现金充值系统等，主观上明知其犯罪行为，符合帮助信息网络犯罪活动罪的构成要件。被告人吴某的行为是以单位名义实施，为单位谋取利益，构成单位犯罪。

（二）案情简介

2014 年 1 月，吴某等人成立重庆某科技有限公司（以下简称重庆某公司），主要经营手机软件开发等业务。2020 年 3 月，重庆某公司接受微信名为 KCCHING 的男子的委托，为该男子开发 HasteExchange 虚拟货币交易平台软件（以下简称 H 平台）。

吴某作为公司的实际负责人与 KCCHING 进行全面沟通，收取开发及维护费用相当于价值约 15 万元人民币的 USDT（虚拟货币"泰达币"），并建立微信群，由 KCCHING 与公司参与开发 H 平台的田某某、黎某等人直接在群内进行沟通、业务对接。田某某负责开发该平台的机器人插件系统等模块；黎某负责开发该平台的现金充值系统模块。吴某、田某某明知开发的 H 平台的机器人插件系统具有虚构交易量、可

---

* 上海市浦东新区人民法院（2021）沪 0115 刑初 553 号。

以人为控制虚拟货币的交易量和 K 线图；吴某、黎某明知开发的 H 平台的现金充值系统能够使平台使用者直接控制投资者充值的钱款并限制投资者提现，依然积极开发 H 平台提供给 KCCHING 并进行维护。

2020 年 8 月，H 平台被诈骗分子上线使用，投资者根据该平台自行发行的"行空币"的交易量、K 线图进行投资，现金充值购买"行空币"、申购新币，后被平台锁仓、无法提现，导致钱款被骗。其中，沈某某、徐某某经他人介绍至 H 平台进行"投资"，分别被骗人民币 790 万元、30 万元。

(三) 案件分析

1. 被告人提供技术支持的行为能否认定为帮助行为

涉案 H 平台的功能具体包括注册、入金、币币交易、CtoC 功能、iec 功能（新币申购和锁仓系统）、公链充提、现金充提、机器人功能，此外要充分使用功能还需要一个超级账户权限。上述功能中包含的反常功能为 iec 功能、现金充提、机器人插件系统。KCCHING 一伙通过 H 平台内的后台管理权限以及机器人插件系统虚构交易量暴力拉伸数字虚拟货币的价格，配合平台内的新币申购及锁仓功能致使被害人认为其持有的虚拟货币正在快速增值，从而通过该平台的现金充值系统将人民币 790 万元汇入对方指定的银行账户。

被告人在明知 H 平台存在后台管理权限及机器人虚构交易量从而可以人为暴力拉伸数字虚拟货币的价格的情况下，仍然指使他人按照 K 某的要求制作了机器人系统插件、新币申购、锁仓系统及现金充值系统等，主观上明知其犯罪行为。本案中，被告人在客观方面是为网络诈骗提供了软件支持；主观方面明知客户利用其开发的软件实施网络诈骗，符合帮助信息网络犯罪活动罪的构成要件。

2. 本案是否定性为单位犯罪

为帮助网络犯罪推广而注册成立公司，后与公司其他人员共同实施广告推广的行为，应认定为单位犯罪还是个人犯罪？单位犯罪是指单位为牟谋取非法利益，由单位决策机构决策后，由直接负责人实施的《刑法》明确规定单位应受刑罚处罚的犯罪。《刑法》中规定的单位犯罪主体必须是依法成立，拥有一定财产或经费，能以自己名义承担责任的组织。本案中，重庆某科技有限公司不是为进行违法犯罪活动而设立的单位，而是技术公司；被告人吴某的行为是以单位名义实施，为单位谋取利益，构成单位犯罪。

（四）数安港合规评析

1. 定期开展员工法律培训。企业要定期对员工开展信息网络犯罪等业务培训，增强风险意识。

2. 搭建合规体系。企业要建立健全信息网络合规体系，完善合规计划和健全合规规章制度，对可能存在的风险漏洞进行自查和整改，可邀请司法机关或律师团队进行审查和弥补，从而在源头上规范或降低法律风险。

3. 作为互联网企业和通信企业的从业人员，应当高度重视对帮助信息网络犯罪风险的防范。互联网企业和通信企业的从业人员可以关注公司的主营业务内容，从公司的会议内容、内部沟通群聊是否存在敏感内容，公司是否有刻意要求大家使用境外聊天软件进行内部沟通等，以及自己实际获得的收入是否高于市场一般报酬等方面进行观察，在无法作出明确判断时应当及时咨询专业的刑事律师或者可以及时更换工作。

037 定制开发常见问题
——沈阳某网络科技信息咨询服务有限公司帮助信息网络犯罪活动案*

（一）裁判要旨

本案是否构成犯罪有两个重要认定条件，一是被告人是否明知他人利用信息网络实施犯罪，对于被告单位和被告人是否明知，结合帮助对象要求制作虚假投资理财软件，帮助者与被帮助者之间往来、联络、收取费用以及在侦查人员调查时被告人故意规避调查等情况，综合审查判断，应判定被告人明知；二是其行为是否达到情节严重，被告单位开发该 App 非法获利 7.8 万元，违法所得 10,000 元以上，应认定为情节严重。

（二）案情简介

2021 年 4 月至 5 月，沈阳某网络科技信息咨询服务有限公司（以下简称某信息公司）接受他人委托为其开发一款名为"东吴基金" App 的虚假投资理财软件。朱某甲作为被告单位的实际控制人和负责人，明知该虚假软件用于实施信息网络犯罪，仍安排于某某、朱某乙、苏某某开发制作该款软件。后由苏某某设计该软件外观界面，朱某乙负责将图片编写成代码，于某某负责将虚假 App 与后台数据进行对接，三人共同完成虚假 App 的制作并交付委托方使用。经审查，某信息公

---

* 陕西省商洛市洛南县人民法院（2023）陕 1021 刑初 11 号。

司开发该 App 非法获利 7.8 万元，其中参与该 App 制作的 3 名被告人共提成 5000 余元。所属辖区群众因下载使用该虚假 App 软件用于投资理财最终被骗 110 余万元。

洛南县人民检察院指控被告单位某信息公司行为已构成帮助信息网络犯罪活动罪；被告人朱某甲、于某某、朱某乙、苏某某分别系对被告单位帮助信息网络犯罪活动行为直接负责的主管人员和其他直接责任人员，其行为均已构成助信息网络犯罪活动罪。

（三）案件分析

本案法院基于被告单位及被告人明知他人利用信息网络实施犯罪，仍为他人制作诈骗软件，为犯罪提供技术支持，情节严重，判决其构成帮助信息网络犯罪活动罪。

1. 对"明知他人利用信息网络实施犯罪"的分析

该案中，帮助对象委托被告单位要求制作与另一个"东吴基金"App 一模一样的虚假投资理财软件，开发完成后，收取明显高于市场价格的制作费用 7.8 万元，并且在 2022 年 8 月 11 日晚，于某某、朱某甲给苏某某打电话，让其别承认知道"东吴基金"App 的事情，并让其删除了某信息公司有关的全部聊天记录。根据"两高"司法解释第 11 条的规定可以推定该被告单位及被告人主观明知。

2. 对"情节严重"的分析

经查明，本案被告单位某信息公司开发该 App 非法获利达 7.8 万元，其中参与该 App 制作的 3 名被告人共提成 5000 余元，所属辖区群众因下载使用该虚假 App 软件用于投资理财最终被骗 110 余万元。根据"两高"司法解释第 12 条第 1 款第 4 项及第 2 款规定，本案已构成情节严重。

(四)数安港合规评析

企业向客户提供各项技术服务包括 App 开发、网页制作、数据处理等时,应明确服务需求、交易方式等的合法合规性,存在客户提出要求、交易方式、交易金额明显异常以及存在其他异常情形的,应当保持警惕,及时将相关情况上报有关部门。

038 客户的背景调查关系到网络运营者是否涉罪

——王某胜等帮助信息网络犯罪活动案*

（一）裁判要旨

被告人王某胜等人通过网络平台为虚假贷款网站提供广告推广服务，属于网络平台层面的行为，符合帮助信息网络犯罪活动罪中"为他人利用信息网络实施犯罪提供广告推广等帮助"，不同于非法利用信息网络罪强调"信息通讯层面"的行为。王某胜以招揽非法网络软件推广为目的注册成立网络公司，公司成立后亦以通过网络平台为非法软件提供网络推广为主要经营业务，应认定为个人犯罪行为。

（二）案情简介

2020年2月，王某胜注册成立广东某网络科技有限公司（自然人独资，以下简称某网络公司），通过网络平台提供广告推广服务，并招录被告人王某捷、谢某平等人作为公司员工。王某捷、谢某平按照王某胜的要求，通过网络发帖等方式寻找需要做广告推广的"客户"并与"客户"协商价格。价格谈妥后，王某胜将"客户"的网站链接发送给"代理"张某龙（另案处理），张某龙利用他人的正规资质为"客户"套上合法外衣（"套户"）。之后，王某胜利用徐某武名下的银行账户收取"客户"支付的广告费并扣除佣金，再向张某龙提供的银行账户转入广告推广费用。2020年3月至案发，王某胜等人明知"客

---

* 黑龙江省嘉荫县人民法院（2021）黑0722刑初62号。

户"的广告系虚假贷款网站,仍通过上述方式收取广告费共计人民币2,354,529元,非法获利共计513,933.5元。其间,王某捷按照王某胜的要求,为QQ昵称"激情速度8""阿凡达""心若沉浮""没浪够不回家""森林"等虚假贷款网站提供广告推广,收取广告费共计1,123,475元,为王某胜非法获利243,408元,其本人非法获利14,000元;谢某平为QQ昵称"溜溜溜发发""凯迪拉克"等虚假贷款类网站提供广告推广,收取广告费共计1,231,054元,为王某胜非法获利270,525.5元,其本人非法获利12,800元。三人共同为上官某(已判刑)诈骗团伙提供诈骗软件广告推广并收取广告费444,000元,非法获利97,691元。

(三)案件分析

1. 为虚假贷款网站提供广告推广服务的行为定性

为虚假贷款网站提供广告推广服务的行为应认定为非法利用信息网络罪中的"为实施诈骗等违法犯罪活动发布信息",还是帮助信息网络犯罪活动罪中"为他人利用信息网络实施犯罪提供广告推广等帮助"?从行为方式上看,前者强调为实施诈骗等违法犯罪活动发送诈骗短信、发布诈骗信息等,属于信息通信层面的行为;而后者强调为利用网络实施犯罪的人作广告、拉客户或为他人设立的犯罪网站投放广告以推广网站、扩大犯罪活动范围,属于网络平台层面的行为。本案中,王某胜等人通过网络平台为虚假贷款网站提供广告推广服务,符合帮助信息网络犯罪活动罪的客观行为方式。

2. 本案是否定性为单位犯罪

为帮助网络犯罪推广而注册成立公司,后与公司其他人员共同实施广告推广的行为,应认定为单位犯罪还是个人犯罪?

单位犯罪是指单位为谋取非法利益,由单位决策机构决策后,由直接负责人实施的《刑法》明确规定单位应受刑事处罚的犯罪。《刑法》中规定的单位犯罪主体必须是依法成立、拥有一定财产或经费、能以自己名义承担责任的组织。为进行违法犯罪活动而设立的单位,或是单位设立后以实施犯罪为主要活动,均不构成单位犯罪,而属于个人的共同犯罪行为。

本案中,王某胜以招揽非法网络软件推广为目的注册成立网络公司,公司成立后亦以通过网络平台为非法软件提供网络推广为主要经营业务,应认定为个人犯罪行为。

(四)数安港合规评析

1. 重视公司的合规化建设。互联网企业应当重视公司内部的合规化建设,确保公司运营的主营业务合法合规,主营业务的开展均获得相应的经营许可并依法向监管部门报备;关注经营模式、管理模式的合规性审查;互联网企业的管理人员、公司主要业务人员应当定期接受法律培训;在企业进行重大经济决策时,应当由法务部门联合从业律师综合评判给出建议;在可能遇到有刑事法律风险时,应当咨询专业的刑事律师给出意见。

2. 重视对客户的背景调查。在互联网企业与通信企业中,刑事法律风险往往是出现在网络的终端客户上。因此,互联网企业与通信企业应当关注客户的基本情况,对客户进行实名制登记并进行背景调查。在公司自身不具备相应甄别能力时,应当及时向所属地监管部门报告并备案。此外,互联网企业与通信企业在实际工作中应当重视对相关协议的审查,对销售人员提交公司的客户信息进行监督和审查,确保内容完整和真实。在提供服务期内，也应当对客户提供的服务内容进行合理的监管，发现有异常情况及时处理。

3. 重视与相关监管部门的沟通与协作。互联网企业及通信企业应当重视与相关监管部门的沟通与协作，加强网络技术监管能力，应设有专门人员联合刑事律师共同负责对接与相关监管部门的工作。

039 非法获取网络信息为下游犯罪提供便利
——贾某某、毛某某非法利用信息网络案*

（一）裁判要旨

贾某某、毛某某明知他人利用伪造的钓鱼网站非法获取个人信息及银行卡财物，仍制作此类钓鱼网站，便利他人利用上述网站非法获取公民银行卡、密码、身份证号码等信息后盗刷获利，构成非法利用信息网络罪。

（二）案情简介

2020年9月至10月，毛某某与贾某某结伙，利用信息网络设立用于实施违法犯罪的钓鱼网站。毛某某明知他人使用伪造的"饿了么"、高速ETC网站并将其作为钓鱼网站，以非法获取公民的银行卡号、密码及居民身份号码等个人信息，进而盗刷银行卡内钱款，仍纠集贾某某为其制作这些钓鱼网站。贾某某在明知所制作的网站用于非法目的的情况下，利用毛某某提供的源代码，为其制作了虚假的"饿了么"、高速ETC等钓鱼网站共计10个。通过这些钓鱼网站，上家非法获取了包括无锡市滨湖区程某在内的13名被害人的银行卡、密码等信息，并盗刷了他们卡内的钱款，共计人民币9万余元。毛某某从中收取上家人民币7000元，贾某某则收取毛某某人民币7100元作为报酬。

案发后，被告人毛某某与贾某某均如实供述了上述犯罪事实，并

---

* 江苏省无锡市中级人民法院（2022）苏02刑终257号。

退出了全部违法所得。原审法院经过审理，认为两被告人均已构成非法利用信息网络罪，并依法对他们进行了判决。然而，上诉人贾某某提出其系从犯且原审判决量刑过重的上诉理由，请求二审改判缓刑。二审法院经过审理，认为贾某某在共同犯罪中作用积极、地位突出，依法不予认定为从犯，且原审法院根据贾某某的犯罪事实及量刑情节，所处刑罚及执行方式并无不当。因此，驳回贾某某的上诉请求，维持原判。

（三）案件分析

本案原审法院基于被告人结伙利用信息网络设立用于实施违法犯罪活动的网站，情节严重，判决其构成非法利用信息网络罪。上诉法院驳回上诉人贾某某的上诉，认为其在共同犯罪中作用积极、地位突出，依法不予认定为从犯，并且属"情节严重"，故维持原判。

1. 对"利用信息网络设立用于实施违法犯罪活动的网站"的分析

钓鱼网站是一种典型的网络犯罪手段，通过伪装成正规网站骗取用户输入敏感信息，进而实施诈骗、盗刷等违法犯罪活动。原审被告人毛某某纠集上诉人贾某某，并为其提供制作钓鱼网站的源代码；贾某某利用此源代码进行钓鱼网站制作。二人虽未直接实施盗刷犯罪，但明知该目的仍为他人制作该网站，已经构成非法利用信息网络罪。

2. 对"个人信息"的分析

本案涉及的数据字段有公民银行卡账号、密码以及居民身份证号码，根据 GB/T 35273—2020《信息安全技术　个人信息安全规范》，涉案数据属于个人信息中的个人基本资料，个人敏感信息中的个人身份信息、个人财产信息。上述信息一旦泄露、非法提供或滥用可能危害人身和财产安全,极易导致个人名誉、身心健康受到损害或歧视性待遇。

3. 对"共同犯罪"地位认定的分析

上诉人贾某某利用原审被告人毛某某提供的源代码制作违法网站,是完成整个犯罪行为中不可或缺的重要环节。其在共同犯罪中作用积极、地位突出,依法不予认定为从犯。

4. 对"情节严重"的分析

上诉人贾某某设立用于实施违法犯罪活动网站的数量达到3个以上,根据"两高"司法解释第10条第2项的规定,属"情节严重",依法应处三年以下有期徒刑或者拘役,并处或者单处罚金。

(四)数安港合规评析

根据《刑法》第287条之一第1款第1项的规定,设立用于实施诈骗、传授犯罪方法、制作或者销售违禁物品、管制物品等违法犯罪活动的网站、通讯群组的,属于犯罪行为。数据企业需规范自身网站、群组设立行为,确保业务活动符合法律法规要求。

040 谨慎发布网络信息避免成为诈骗犯罪一环
——张某、谭某某等非法利用信息网络案*

（一）裁判要旨

行为人明知上家的"刷单广告"是从事诈骗的行为，仍以非法获利为目的，为其犯罪发布信息提供帮助，情节严重，构成非法利用信息网络罪。上诉人谭某某、张某等人通过发送刷单诈骗信息诱骗他人添加 QQ 号，此时诈骗犯罪尚未实施，该行为实质上属于诈骗犯罪预备。即使无直接证据证实具体实施诈骗的行为人，也不影响非法利用信息网络罪的成立。

（二）案情简介

2016 年 12 月，为获取非法利益，谭某某、张某共同商定，利用注册公司开展在网络上从事为他人发送"刷单获取佣金"的诈骗信息业务。谭某某、张某雇用秦某某等负责发送诈骗信息。张某主要负责购买"阿里旺旺"账号、软件、租赁电脑服务器等；秦某某主要负责招揽、联系有发送诈骗信息需求的上家，接收上家支付的费用及带领其他人发送诈骗信息。三被告人在明知不存在刷单事实，系上家用于诈骗的情况下，仍然帮助发布诈骗信息，每一人添加上述信息里的 QQ 号，谭某某、张某从上家处获取 30 元至 70 元报酬。王某甲、洪某在添加谭某某、张某等人组织发送的诈骗信息中的 QQ 号后，分别被骗

---

* 江苏省宿迁市中级人民法院（2018）苏 13 刑终 203 号。

31,000 元和 30,049 元。

(三) 案件分析

一审、二审判决认为：被告人谭某某、张某、秦某某以非法获利为目的，通过信息网络发送刷单诈骗信息，其行为本质上属于诈骗犯罪预备，构成非法利用信息网络罪。虽然本案中并无证据证实具体实施诈骗的行为人归案并受到刑事追究，但不影响非法利用信息网络罪的成立。

1. 非法利用信息网络罪与帮助信息网络犯罪活动罪的界分

非法利用信息网络罪只要求行为人实施了法律规定的相应行为，即所设立的网站、群组用于实施违法犯罪活动，或者所发布的信息内容有关违法犯罪或者为实施诈骗等违法犯罪活动，并不要求客观上实施了相应的违法犯罪活动。帮助信息网络犯罪活动罪通常须以帮助对象的行为构成犯罪为前提，该罪中的"广告推广"一般是指为推广网站扩大犯罪活动范围所需的投放广告行为。

2. 本案罪名的确定

被告人等人的行为属于为实施诈骗活动发布信息。根据发送信息内容、收费明显异常、购入银行卡接收汇款以及安装清除使用痕迹的软件，诈骗犯罪行为证据充分；同时，被告人明知所发信息是诈骗信息，应认定其行为符合非法利用信息网络罪的客观表现。从违法所得数额、可计算的 QQ 成员数以及被害人实际被骗数额来看，程度均达到法律规定的"情节严重"。虽然并无具体证据证实实施诈骗的行为人案件归案并受刑事追究，但相关人员客观上是否实施了相应违法犯罪活动，不影响非法利用信息网络罪的成立。

（四）数安港合规评析

1. 企业和个人应增强法律意识，明确网络行为的合法边界，避免为非法活动提供便利或参与非法活动。

2. 企业应建立健全内部管理制度，加强对员工网络行为的监管，防止员工利用职务之便从事非法活动。

3. 对于企业的广告发布、信息推广等对外宣传活动应建立严格的审核流程，确保所有发布的信息真实、合法，不侵犯他人权益，并明确禁止发布任何涉嫌诈骗、虚假宣传的内容。同时，对合作方也应进行严格的背景调查，避免与有不良记录或从事违法活动的企业或个人合作。

041 利用AI机器人拉人头进入电诈伏击圈

——广东某互联科技有限公司、巫某某非法利用信息网络罪案[*]

（一）裁判要旨

行为人明知上家人员为实施网络诈骗等违法犯罪活动而设立微信交流群，诱骗客户进入上家人员设立的股票交流微信群内，情节严重的，行为构成非法利用信息网络罪。

（二）案情简介

2020年3月至6月，吕某在广东省中山市成立广东某互联科技有限公司，招募陈某某、浦某某、范某某（均已判刑）及巫某某等人为业务部门负责人和业务经理，在明知上家人员为实施网络诈骗等违法犯罪活动而设立微信交流群的情况下，仍使用AI机器人电话向不特定对象拨打电话筛选出有投资意向的客户，后安排员工冒充财经公司或证券公司人工客服，以免费进入股票交流微信群进行交流学习等为由，诱骗客户进入上家人员设立的股票交流微信群内，入群客户达到上家要求的数量后，通过与上家按人头数结算提成获利。巫某某作为一部经理，根据该部业务员拉入微信群的客户总人数提成，违法所得共计人民币10,000余元。无锡市惠山区尤某因被广东驰骋互联科技有限公司员工冒充财经或者证券客服诱骗进入诈骗人员设立的股票交流微信

---

[*] 江苏省无锡市惠山区人民法院（2022）苏0206刑初140号。

群内,导致被诈骗人民币35万余元。

(三)案件分析

巫某某犯非法利用信息网络罪,判处有期徒刑六个月,并处罚金人民币9000元。

1. 何为违法犯罪?

根据"两高"司法解释第7条的规定,"违法犯罪",包括犯罪行为和属于《刑法》分则规定的行为类型但尚未构成犯罪的违法行为。

2. 本案中的行为为何构成情节严重?

根据《刑法》第287条之一第1款第2项的规定,利用信息网络发布有关制作或者销售毒品、枪支、淫秽物品等违禁物品、管制物品或者其他违法犯罪信息,情节严重的,处三年以下有期徒刑或者拘役,并处或者单处罚金。根据"两高"司法解释第10条的规定,在网站上、微信群内发布有关违法犯罪的信息或者为实施违法犯罪活动发布信息100条以上,或者向2000个以上用户账号发送前述信息,或者违法所得10,000元以上等情形的,应当认定为"情节严重"。

3. 不构成犯罪有无处罚?

《网络安全法》第67条第1款规定:"违反本法第四十六条规定,设立用于实施违法犯罪活动的网站、通讯群组,或者利用网络发布涉及实施违法犯罪活动的信息,尚不构成犯罪的,由公安机关处五日以下拘留,可以并处一万元以上十万元以下罚款;情节较重的,处五日以上十五日以下拘留,可以并处五万元以上五十万元以下罚款。关闭用于实施违法犯罪活动的网站、通讯群组。"

（四）数安港合规评析

1. 随着互联网经济的发展，浏览量等数据的价值也在不断增加，催生了"引流"这样的新业态。然而，不当进行"引流"发布信息行为，不仅会扰乱网络空间的正常秩序，还容易被犯罪分子利用，为违法行为的实施创造条件，成为黑灰产业链中的前端环节。

2. 对数安港企业来说，应避免利用平台、网站、通信群组等非法收集公民个人信息，或者为违法犯罪提供相应的服务。

042 网站运营者拒不整改涉黄赌毒信息必法办
——何某、钟某、缪某某拒不履行信息网络安全管理义务案[*]

（一）裁判要旨

何某、钟某、缪某某共同运营网站，放任网站用户发布违法信息，在公安机关发出整改通知后，三人仍未采取整改措施，甚至通过技术手段规避监管，导致违法信息大量传播，构成拒不履行信息网络安全管理义务罪。

（二）案情简介

何某、钟某、缪某某共同运营一家网站，何某为该网站股东和法定代表人，实际负责该网站的运营管理；钟某是网站管理人员，主要负责网站技术和维护；缪某某是网站客服，负责审核网站后台的广告信息和算账。

在该网站经营过程中，何某、钟某为获取非法利益，对未实名登记会员发布的大量涉赌、涉黄、涉诈违法广告信息，违规审核通过。三人明知网站存在大量违法信息，却未采取有效措施进行管理。在公安机关发出整改通知后，三人不仅未全面删除违法信息，反而通过同音字、符号、图片隐写等手段规避监管，导致违法信息继续传播，点击量高达25万次以上，非法获利12万余元。

---

[*] 江西省赣州市定南县人民法院（2022）赣0728刑初10号。

(三)案件分析

本案法院基于被告人作为网络服务提供者不履行法律、行政法规规定的信息网络安全管理义务,经监管部门责令采取改正措施而拒不改正,致使违法信息大量传播,判决其构成拒不履行信息网络安全管理义务罪。

1. 对"网络服务提供者"的分析

网络服务提供者包括三类网络技术服务提供者、网络内容服务提供者和网络公共服务提供者:网络接入、域名注册解析等信息网络接入、计算、存储、传输服务;信息发布、搜索引擎、即时通信、网络支付、网络预约、网络购物、网络游戏、网络直播、网站建设、安全防护、广告推广、应用商店等信息网络应用服务;利用信息网络提供的电子政务、通信、能源、交通、水利、金融、教育、医疗等公共服务。

2. 对"信息网络安全管理义务"的分析

本罪的信息网络安全管理义务源于法律、行政法规的规定,信息网络安全管理义务包括但不限于采取必要的技术措施和管理措施、落实用户实名制、留存用户日志等。

根据《网络安全法》等相关规定,对内容的审查义务主要由信息发布或传输者提供者承担,网络运营者一经发现其发布或者传输的用户发布的信息含有法律或行政法规禁止的内容,应当立即停止传输该信息,采取消除等处置措施。

3. 对"经监管部门责令采取改正措施而拒不改正"的分析

本案被告人在收到公安机关的整改通知后,未按照监管指令采取有效措施删除违法信息，反而继续允许这些信息在网站上传播。后被告人利用同音字、符号、图片隐写等技术手段，对违法信息进行伪装，进一步规避监管，符合本罪"经监管部门责令采取改正措施而拒不改正"的构成要件。

4. 对"致使违法信息大量传播"的分析

案涉网站发布的违法信息点击量超过 25 万次，远超法律规定的"违法信息实际被点击数达到五万以上"的标准，造成严重后果。

（四）数安港合规评析

企业在运营网络服务时，应严格遵守法律法规，对发布的信息进行严格审核，确保不含有违法内容。一旦接到监管部门的整改通知，应立即采取有效措施，全面删除违法信息，避免使用技术手段规避监管。同时，企业应建立健全内部管理制度，提高员工的法律意识，确保企业运营合法合规。对于监管指令，企业应认真对待，及时响应，避免因忽视监管而导致的法律风险。

043 网络运营者拒不改正的最坏结果
——被告人胡某某拒不履行信息网络安全管理义务案[*]

（一）裁判要旨

被告人提供的服务是帮助境内用户绕过正规通道接入境外互联网，因此，其身份符合《刑法》第286条之一规定的"网络服务提供者"这一特殊主体要求。被告人经营的公司帮助境内用户绕过国家监管，使用翻墙软件非法接入境外互联网，为了牟取利益而置国家信息网络安全管理于不顾，违反了相关法规规定的计算机信息网络国际联网的有关规定，没有履行网络服务提供者应尽的管理义务。被告人作为行业内人士，熟知相关监管规定；公安机关也多次责令其停止非法接入服务，其对行为的违法性应是明知，应以拒不履行信息网络安全管理义务罪定罪处罚。

（二）案情简介

2015年7月至2016年12月30日，胡某某为非法牟利，租用国内、国外服务器，自行制作并出租"土行孙""四十二"翻墙软件，为境内2000余名网络用户非法提供境外互联网接入服务。2016年3月、2016年6月上海市公安局浦东分局先后两次约谈胡某某，并要求其停止联网服务。2016年10月20日，上海市公安局浦东分局对胡某某利用上海某洱网络科技有限公司擅自建立其他信道进行国际联网的行

---

[*] 上海市浦东新区人民法院（2018）沪0115刑初2974号。

为，作出责令停止联网、警告，并处罚款人民币 15,000 元，没收违法所得人民币 40,445.06 元的行政处罚。胡某某拒不改正，于 2016 年 10 月至 12 月 30 日，继续出租"土行孙"翻墙软件，违法所得共计人民币 236,167 元。经鉴定，"土行孙"翻墙软件采用了 Gotunnel 程序，可以实现代理功能，适用本地计算机通过境外代理服务器访问境外网站。

2016 年 12 月 30 日，胡某某经电话通知后主动至公安机关投案，到案后如实供述了上述犯罪事实。案发后，被告人胡某某退出上述全部违法所得并预缴罚金款。

（三）案件分析

1.被告人胡某某作为网络服务提供者，不履行相关信息网络安全管理义务

首先，从犯罪主体来看，被告人胡某某提供的服务是帮助境内用户绕过正规通道接入境外互联网，是一种网络接入服务。所以，被告人胡某的身份符合《刑法》第 286 条之一要求的"网络服务提供者"这一特殊主体要求。

其次，从客观行为分析，被告人胡某某违反了相关法规规定的计算机信息网络国际联网的有关规定，没有履行网络服务提供者应尽的管理义务。《计算机信息网络国际联网管理暂行规定实施办法》第 12 条规定："个人、法人和其他组织用户使用的计算机或者计算机信息网络必须通过接入网络进行国际联网，不得以其他方式进行国际联网。"第 13 条第 1 款规定："用户向接入单位申请国际联网时，应当提供有效身份证明或者其他证明文件，并填写用户登记表。"本案中，被告人

胡某某经营的公司帮助境内用户绕过国家监管，使用翻墙软件非法接入境外互联网，显然是为了牟取利益而置国家信息网络安全管理于不顾。对境外互联网接入通道的统一管理是有效监管的重要手段、措施。因此，被告人胡某某提供非法接入境外互联网的行为严重违反了网络服务提供者的网络管理义务。

最后，从主观方面分析，被告人胡某某对其行为的违法性应是明知。一是被告人胡某某经营的业务就是国际互联网接入服务，其作为行业内人士而不是一般公众，应熟知相关监管规定；二是公安机关也多次责令被告人胡某某停止非法接入服务。

2. 被告人胡某某的非法网络经营行为，已达到情节严重的程度，且拒不采取改正措施

根据《刑法》第286条之一的规定，构成"拒不履行信息网络安全义务罪"在客观方面需具备三个方面要件，即"不履行法律、行政法规规定的信息网络安全管理义务"、"经监管部门责令采取改正措施而拒不改正"及法条所列举的4项严重危害后果之一。本案中，被告人胡某某的行为不属于4项危害后果中的前3项，但可以归结到第4项"有其他严重情节的"情形。

一方面，从被告人胡某某非法网络经营行为本身分析，其累计为2000余名网络用户提供非法接入服务，涉及用户数量较多；其累计非法获利236,167元，非法所得金额较大；经营时间从2015年7月至2016年12月，持续时间达一年半之久。综合这三个方面来看，其犯罪情节已经超出一般行政处罚的范畴，达到情节严重的程度。

另一方面，被告人胡某某在被公安机关多次勒令停止非法经营行为甚至被行政处罚后，继续坚持提供非法接入境外互联网服务，反映其行为的严重性和较大的主观恶性。

2019年11月1日实施的"两高"司法解释对"有其他严重情节的"情形作出了明确规定。该解释第6条规定："拒不履行信息网络安全管理义务，具有下列情形之一的，应当认定为刑法第二百八十六条之一第一款第四项规定的'有其他严重情节'：（一）对绝大多数用户日志未留存或者未落实真实身份信息认证义务的；（二）二年内经多次责令改正拒不改正的……"

虽然在"两高"司法解释出台时，被告人胡某某一案已经判决，但该解释第6条印证了司法机关将被告人胡某某的行为归属于《刑法》第286条之一的"其他严重情节"是完全正确的。

（四）数安港合规评析

对于拒不履行信息网络安全管理义务罪，本罪的犯罪主体是网络服务提供者，包括通过计算机互联网、广播电视网、固定通信网、移动通信网等信息网络，向公众提供网络服务的机构和个人。

2017年1月，工业和信息化部发布《关于清理规范互联网网络接入服务市场的通知》（工信部信管函〔2017〕32号）指出：近年来，网络信息技术日新月异，云计算、大数据等应用蓬勃发展，我国互联网网络接入服务市场面临难得的发展机遇，但无序发展的苗头也随之显现，亟须整治规范。为进一步规范市场秩序，强化网络信息安全管理，促进互联网行业健康有序发展，工业和信息化部决定自2017年1月17日起至2018年3月31日，在全国范围内对互联网网络接入服务市场开展清理规范工作。规范的对象主要是未经电信主管部门批准，无国际通信业务经营资质的企业和个人，不得租用国际专线或者VPN，违规开展跨境电信业务经营活动。

  网络服务提供者开展数据处理活动时应尽到基本的查验、评估、审核责任，检查是否存在危害网络安全的管理义务；若未尽此义务，导致用户数据泄露或违法信息传播或致使刑事案件证据灭失等危害结果，经监管部门责令采取改正措施拒不改正，则涉嫌拒不履行信息网络安全管理义务罪。

044 通信运营商提供电话卡涉罪
——李某某拒不履行信息网络安全管理义务案*

（一）裁判要旨

公司明知自己的代理商违反手机卡实名制，大量出卖电话卡、使用电话卡从事违法犯罪活动，仍然为其提供大量电话卡，为下游各类违法犯罪活动提供便利。李某某作为电信运营商某公司的高级运营总监，负有查验、评估、审核行业卡使用情况的职责，其构成刑法意义上的"网络服务提供者"。某公司不履行法律、行政法规规定的信息网络安全管理义务，且经政府有关部门责令采取改正措施而拒不改正，"二年内经多次责令改正拒不改正"属于拒不履行信息网络安全管理义务罪的"其他严重情节"。

（二）案情简介

李某某2014年8月在某（北京）通信技术有限公司（以下简称某公司）工作，是公司的高级运营总监，2019年3月离职。2018年9月，山东某信息科技股份有限公司（以下简称某信息公司）董事长任某（另案处理）为实现盗取回收卡上绑定的用户个人微信账号，向某公司董事长王某（另案处理）要求将用户停机三个月后被回收的卡进行重新制卡后发送给某信息公司，王某对此予以同意，并安排李某某负责与某信息公司对接具体事项。2018年9月，李某某将三四万张行

---
* 云南省昆明市盘龙区人民法院（2020）云0103刑初1206号。

业卡交给某信息公司挑卡，某信息公司从中挑出4000张带有公民个人微信的卡号并要求某公司进行制卡。于是，李某某便根据任某挑选的回收卡安排人员进行制卡和发卡工作。某信息公司在拿到该批回收卡后，将该批回收卡违规实名在济南某新能源科技有限公司、济南某信息科技有限公司名下，并将回收卡卖给昆明某工作室的林某某（另案处理）用于盗取回收卡上绑定的用户微信账号，导致回收卡上绑定的微信号被大量盗取。

经查，2016年12月21日，某公司因违反《电话用户真实身份信息登记规定》第6条规定被辽宁省通信管理局处以3万元人民币罚款，并责令立即改正；2017年1月10日，工业和信息化部网络安全管理局在《关于电话用户真实身份信息登记违规行为的通报》中，对抽查某公司部分网点违反实名制问题进行了通报，提出立即进行整改并严格落实电话用户登记工作的有关规定；2017年2月21日，工业和信息化部办公厅《关于防范打击通信信息诈骗工作专项督导检查情况的通报》中对某公司检查存在的"电话实名工作落实情况"问题进行了通报，并要求进行整改。以上相关部门的处罚及责令改正情况均与违反实名制规定有关。

李某某负有查验、评估、审核行业卡使用情况的职责，在明知违反实名制管理规定的情况下，仍然将大量带有公民个人信息的回收卡交给某信息公司，违反用户实名制进行挑卡，造成严重后果，且在二年内经监管部门多次责令改正而拒不改正。2020年7月14日，经工业和信息化部网络安全管理局出具《关于涉及某（北京）通信技术有限公司相关咨询的复函》证实，某公司将绑定个人微信号的移动电话卡回收制作成行业卡销售给其他公司，为落实行业卡短信功能限制要求，未认真履行行业用户安全评估责任，违反了电话用户实名制、行业卡安全管理等相关规定。

(三)案件分析

根据《刑法》第286条之一的规定,某公司负责人李某某作为网络服务提供者,拒不履行信息网络安全管理义务,经监管部门责令采取改正措施而拒不改正,致使用户信息泄露,造成严重后果,其行为已构成拒不履行信息网络安全管理义务罪。

1.对某公司负责人李某某属于《刑法》规定的"网络服务提供者"的分析

根据"两高"司法解释第1条的规定,某公司作为电信运营商,属于"利用信息网络提供通信公共服务"的单位;李某某作为某公司的高级运营总监,负有查验、评估、审核行业卡使用情况的职责,属于"利用信息网络提供通信公共服务"的个人,构成刑法意义上的"网络服务提供者"。

本罪中的"网络服务提供者",实际上包括网络技术服务提供者、网络内容服务提供者以及网络公共服务提供者。除传统意义上的网络服务外,云服务商、云计算服务提供者、移动应用系统(App)服务提供者等,均属于本罪主体"网络服务提供者"。

2.对某公司"不履行法律、行政法规规定的信息网络安全管理义务",且"经政府有关部门责令采取改正措施而拒不改正"的分析

"经监管部门责令采取改正措施而拒不改正"为网络服务提供者成立拒不履行信息网络安全管理义务罪的前提条件。

根据"两高"司法解释第2条的规定,首先,关于"监管部门"的范围是指"网信、电信、公安等依照法律、行政法规的规定承担信

息网络安全监管职责的部门"。其次,关于"责令采取改正措施"的形式,仅限于上述监管部门"以责令整改通知书或者其他文书形式"责令整改,以避免不当地扩大此罪的适用范围。最后,关于"拒不改正"的认定,应当"综合考虑监管部门责令改正是否具有法律、行政法规依据,改正措施及期限要求是否明确、合理,网络服务提供者是否具有按照要求采取改正措施的能力等因素进行判断"。即此处的"拒不改正"更强调网络服务提供者主观上的"不愿为"。因此,将客观上的"不能为"排除在外。

3. 对某公司及李某某"二年内经多次责令改正拒不改正"的分析

拒不履行信息网络安全管理义务罪属于结果犯,若要成立此罪,需满足一定的结果要件,即具有下列情形之一:

第一,关于"致使违法信息大量传播"。根据《互联网信息服务管理办法》第15条的规定,"违法信息"指法律禁止制作、复制、发布、传播的信息。根据"两高"司法解释第3条的规定,拒不履行信息网络安全管理义务,致使传播违法视频文件200个以上、其他违法信息2000个以上、向2000个以上用户账号传播违法信息、利用群组成员账号数累计3000以上的通讯群组或者关注人员账号数累计30,000以上的社交网络传播违法信息、违法信息实际被点击数达到50,000以上等情形的,均属于"致使违法信息大量传播"。

第二,关于"致使用户信息泄露,造成严重后果"。根据"两高"司法解释第4条的规定,拒不履行信息网络安全管理义务,致使泄露行踪轨迹信息、通信内容、征信信息、财产信息500条以上,泄露住宿信息、通信记录、健康生理信息、交易信息等其他可能影响人身、财产安全的用户信息5000条以上以及其他用户信息50,000条以上,造成他人死亡、重伤、精神失常或者被绑架等严重后果，或者造成重大经济损失，严重扰乱社会秩序等情形的，均属于"致使用户信息泄露"，"造成严重后果"。

第三，关于"致使刑事案件证据灭失，情节严重"。根据"两高"司法解释第 5 条的规定，拒不履行信息网络安全管理义务，造成危害国家安全犯罪、恐怖活动犯罪、黑社会性质组织犯罪、贪污贿赂犯罪案件的证据灭失，造成可能判处五年有期徒刑以上刑罚犯罪案件的证据灭失，多次造成刑事案件证据灭失，致使刑事诉讼程序受到严重影响等情形的，均属于"致使刑事案件证据灭失，情节严重"。

第四，关于"有其他严重情节"。根据"两高"司法解释第 6 条的规定，拒不履行信息网络安全管理义务，对绝大多数用户日志未留存或者未落实真实身份信息认证义务，二年内经多次责令改正拒不改正，致使信息网络服务被主要用于违法犯罪等 7 种情形的，均属于"有其他严重情节"。

（四）数安港合规评析

1. 企业应加强自身网络服务内容审核义务，确保网络服务不包含法律禁止制作、复制、发布、传播的信息。

2. 企业要建立网络服务合规体系，防范用户信息泄露的风险；同时，应提前制定应急预案，当不幸发生了信息泄露事件时，确保能够立即作出应对，及时向主管机关汇报，防止危害结果进一步扩大，避免达到刑事犯罪的立案追诉标准。

3. 在日常提供网络服务的过程中，企业应按照法律法规的要求，严格落实《网络安全法》中规定的网络服务提供者留存相关网络日志和要求用户提供真实身份信息的义务,记录、保存、提供相关互联网络资料及用户信息等内容。一方面,防止因刑事案件证据灭失承担法律责任;另一方面,积极履行打击违法犯罪活动的义务,主动提供相关信息,配合办案机关的侦查活动,助力打击相关刑事犯罪。

4. 当监管部门作出责令改正措施时,企业应当及时作出整改,履行安全管理义务。如对监管部门作出的责令改正措施是否具有法律、行政法规依据,改正措施及期限要求是否明确、合理等问题具有异议,应当及时向有关部门提出,协商议定能够具体落实的整改措施,切勿对于整改措施置之不理。

四、其他

045 直播间潜藏诈骗连环局
——黄某等三人诈骗案*

（一）裁判要旨

当前，电信网络诈骗的手法持续演变升级，犯罪分子紧跟社会热点，随时变化诈骗手法和"话术"，令人防不胜防。本案被告人将传统的结婚交友类"杀猪盘"诈骗，与当下流行的网络购物、物流递送、直播打赏等相结合，多环节包装实施连环诈骗，迷惑性很强。被告人以非法占有为目的，伙同他人利用电信网络实施诈骗，数额特别巨大，其行为已构成诈骗罪。

（二）案情简介

黄某、刘某、许某在湖北省某市成立某电子商务有限公司，招聘业务员从事诈骗犯罪活动。三人分工配合共同完成诈骗，并按诈骗金额比例提成，同时还发展代理公司，提供诈骗话术、培训诈骗方法、提供各种技术支持和资金结算服务，并从代理公司诈骗金额中提成。该公司由业务员冒充美女主播等身份，按照统一的诈骗话术在网络社交平台诱骗被害人交友聊天，谎称送礼物得知被害人收货地址后，制造虚假发货信息以诱骗被害人在黄某管理的微店购买商品回送业务员，

---

* 最高人民法院依法惩治电信网络诈骗犯罪及其关联犯罪典型案例之五。

微店收款后安排邮寄假名牌低价物品给被害人博取信任。之后，业务员再将被害人信息推送至刘某等人负责的直播平台，按诈骗话术以直播打赏PK为由，诱骗被害人在直播平台充值打赏。2020年4月至9月，黄某和刘某诈骗涉案金额365.2万元，许某诈骗涉案金额454.2万元。

（三）案件分析

本案法院基于被告人以非法占有为目的，伙同他人利用电信网络实施诈骗，数额特别巨大，判决其构成诈骗罪。

根据《反电信网络诈骗法》第2条的规定，电信网络诈骗是指以非法占有为目的，利用电信网络技术手段，通过远程、非接触等方式，诈骗公私财物的行为。本案符合"电信网络诈骗"的行为要件，但目前《刑法》并未针对"电信网络诈骗"单设罪名，根据《最高人民法院、最高人民检察院、公安部关于办理电信网络诈骗等刑事案件适用法律若干问题的意见》[1]的规定，实施电信网络诈骗犯罪，犯罪嫌疑人、被告人实际骗得财物的，以诈骗罪（既遂）定罪处罚。因此，本案应当适用诈骗罪有关规定定罪处罚。

（四）数安港合规评析

1.随着社会发展，诈骗犯罪形式和手段越发多变，新型诈骗犯罪也逐渐增多，部分新型犯罪可能难以被准确识别。企业如判断合作方涉嫌诈骗犯罪，可及时向公安机关寻求帮助。

---

[1] 法发〔2016〕32号。

2. 网络平台经营者应将上网者身份核验前置，并在日常运营过程中加强对冒用身份行为的监管。对于违反规定的用户或开发者，平台应采取包括限制功能、封号、下架应用等在内的惩戒措施，并与相关监管部门进行联合惩戒，提高违法成本。此外，在日常运营过程中，应及时向用户提示可能存在的风险，如网络安全风险、交易风险等，并引导用户采取相应措施防范风险。

046 擅自篡改后台数据骗取"打卡保证金"的刑事责任

——重庆市某网络科技有限公司诈骗案*

（一）裁判要旨

重庆市某网络科技公司发布"早起挑战团""早起"等微信公众号并收集用户的个人数据属于合法行为，在数据获取方面不具有可责性。但是在数据使用方面，重庆市某网络科技公司未经用户允许，随意删除、变更个人数据，并以非法占有打卡参与人财产为目的，利用交易中的信息优势，采取篡改后台数据及临时修改打卡时间、减少参与人打卡人数的手段，使被害人对应付和可得金额产生错误认识，借此隐瞒数据真相并骗取数额较大的财物，是判断构成诈骗罪的关键所在。

（二）案情简介

重庆市某网络科技公司基于阿里云服务器，在其经营的"早起挑战团""早起"微信公众号中，通过各中介平台推广，吸引大量微信用户加入微信公众号并投入资金参与打卡。"早起打卡分钱"规定参与打卡者通过微信向其账户转入10元至5000元不等的挑战金，在规定时间登录平台进行打卡，就可以瓜分未打卡者的挑战金。而某网络科技公司通过篡改软件后台数据，修改增加已打卡金额、减少未打卡金额以及减少参与者瓜分金额的方式，进一步降低公司需支付给打卡者的数额，并将隐瞒的本应发放给打卡成功者的未打卡金额占有。截至

---

* 重庆市沙坪坝区人民法院（2019）渝0106刑初879号。

2018年6月，被告人通过上述方式共骗取被害人陈某、郑某、方某、赖某等上百名参与打卡的微信用户共计 50,810 元。

（三）案件分析

本案法院基于被告人以非法占有为目的，篡改后台数据并隐瞒真相，情节严重，判决其构成诈骗罪。在本案中，重庆市某网络科技公司以在软件后台修改金额的方式，截留本应发放给打卡成功者的未打卡金额牟利，其实质是通过操纵交易基础信息使被害人陷入错误认识，误以为奖励金金额无误，从而放弃应得差额部分的奖励金，被告人即可从中获得相关非法利益。因此，非法占有打卡参与人财物的目的明显，其行为构成诈骗罪。

（四）数安港合规评析

1. 为避免发生数据泄露或个人数据被篡改的情况，企业应在日常活动中增强员工数据安全意识培训，加强对个人数据的加密与备份，建立预防数据泄露的应急响应机制和平台监管机制，迅速查明数据泄露原因并及时止损。此外，企业还应采取技术手段，防止所掌握的个人数据被竞争第三方篡改。

2. 企业作为数据的拥有者和控制者，对其掌握的数据负有相应的责任和义务。应秉持"非必要不收集个人数据"的原则，包括但不限于保护数据的安全性、合规性以及尊重数据主体的权益等。在数据的收集、存储、使用、加工、传输、提供等环节，都需要有明确的规范和措施来保障数据的安全性和合规性，在数安港等专业机构的协助下，建立完善的数据管理制度和流程是极其重要且符合时代需求的举措。

047 应用推广中虚假刷单行为的刑事责任
——某公司等合同诈骗案*

(一) 裁判要旨

被告T公司及某公司在履行信息服务合同的过程中，未按合同约定向"分享一下"公司提供真实的广告推广业务，而是通过虚假刷单的方式，模拟真实用户对"秒拍"、"小咖秀"和"一直播"三款软件实施"刷量"行为，主观上具有合同诈骗的犯罪故意，根本违背所签订的手机应用软件委托推广合同，并借此骗取被害单位财物即推广费共计1200余万元，T公司与某公司的行为均已构成合同诈骗罪。

(二) 案情简介

"分享一下"公司在2016年与T公司签订信息服务合同，约定由T公司代为推广"秒拍"、"小咖秀"和"一直播"三款软件，主要推广方式为CPT、CPA、CPD及CPC，并以用户实际下载量和激活量作为结算依据。在"分享一下"公司上线反作弊系统后，察觉用户下载激活数据存在大量异常，并进一步确认虚构公司软件用户及激活用户行为的存在。经调查发现，T公司在履行上述合同的过程中，以非法占有为目的，与某公司合谋通过手机群控软件模拟真实用户下载、安装、打开与使用软件，虚增下载数据并因此骗取巨额推广费用共计人民币1200余万元。

---

* 北京市第一中级人民法院（2018）京01刑初79号。

（三）案件分析

某公司与T公司虚构"分享一下"软件用户及激活用户数量，并骗取被害单位财物即推广费共计1200余万元，二者行为均已构成合同诈骗罪。

T公司在与"分享一下"公司签订合同后，与某公司合谋通过刷单的方式，虚构应用下载数据，进而骗取"分享一下"公司的推广费用，且虚增的假量根本无法实现合同目的，致使"分享一下"公司直接遭受了巨大经济损失，已构成信息服务合同的根本违约。此外，现有证据足以证明T公司和某公司均具有非法占有他人钱款的故意，且二者形成了共同犯罪的合意。

（四）数安港合规评析

由于网络推广合作模式与传统经济合作模式的差异性和互联网的虚拟性，使企业对合同的实际履行情况难以进行有效监控。因此，企业应提高总体合规审查意识，在合同签约及履行全过程中保持警惕，完善内部数据反作弊系统和审核机制，寻求专业机构帮助调查合作方的资质、履行合同能力、是否面临诉讼风险以及在数据合规领域的制度完善情况等方面，减少潜在财产损失和经营风险。

048 企业签约中信息审核的刑事必要性
——南京某物流仓储设备有限公司、孟某某合同诈骗案*

（一）裁判要旨

X公司通过招标方式确定合作对象，虽然在双方签订合同前，已由南京某物流仓储设备有限公司（以下简称某公司）中标，但双方合作的前提是某公司具有履约能力。X公司人员要求参观某公司时，孟某某让人将某公司的厂牌挂在B公司门口，并带X公司人员参观B公司，让X公司人员误认为B公司就是某公司，之后双方签约，X公司属于被欺骗后陷入错误认识而决定签约，某公司与孟某某均构成合同诈骗罪。

（二）案情简介

一审法院查明：2017年，孟某某以其名下其他公司员工金某某名义成立某公司并作为实际控制人。2018年，孟某某在某公司中标X公司的自动化立体仓库项目后，通过将某公司厂牌悬挂至B公司门口的方式进一步取得X公司信任。2018年12月12日，X公司、某公司、平安公司（提供融资租赁服务）签订三方合同，总价288万元，平安公司为购买方，某公司为供货方，X公司为租赁方。某公司在没有采购、生产任何设备的情况下，出具会在收款后15个工作日内发货的"发货确认函"给平安公司，在取得合同价款后，孟某某将相关款项用

---

* 江苏省常州市中级人民法院（2021）苏04刑终7号。

于偿还公司债务、归还个人欠款及日常开销。经 X 公司多次催促，某公司于 2019 年 3 月发出部分产品，价值人民币 65.1 万元。至 2019 年 7 月 20 日，被告人孟某某及某公司仍未能交货。综上所述，被告人孟某某合同诈骗金额为 222.9 万元。

一审法院认为，此案仅被告人孟某某构成合同诈骗罪。宣判后，江苏省溧阳市人民检察院提出抗诉，原审被告人孟某某提出上诉，认为某公司构成合同诈骗罪。

（三）案件分析

本案一审法院基于被告人以非法占有为目的，在签订、履行合同过程中，虚构事实、隐瞒真相，骗取对方当事人财物，数额特别巨大，判决其构成合同诈骗罪。

本案二审法院基于原审被告单位以非法占有为目的，在签订履行合同过程中，虚构事实、隐瞒真相，骗取被害单位财物，数额巨大，判决其构成合同诈骗罪；原审被告人（二审上诉人）作为单位的直接负责的主管人员，判决其构成合同诈骗罪。

1. 对"构成合同诈骗罪"的分析

本案中，被告人、被告单位以虚假悬挂厂牌的方式，为自己的履约能力提供虚假担保，通过虚构事实、隐瞒真相的方式，骗取违法收入 222.9 万元。且签订合同后，被告人、被告单位并未履行合同主要内容，符合《刑法》第 224 条规定的合同诈骗罪的构成要件。

2. 对是否构成单位犯罪的分析

以单位名义实施犯罪，违法所得归单位所有的，是单位犯罪。区分单位犯罪和个人犯罪，主要从单位性质、单位意志、单位名义、利

数据百案分析

益归属、排除情形等方面考察。被告单位系依法设立，签订的合同也在被告单位业务范围内，符合公司利益，体现单位意志，合同收益也主要归属单位，本案应为单位犯罪。

（四）数安港合规评析

企业应注意对合作商的背景调查和合同管理。

1. 在合作开始前，企业应对合作商的履约能力作充分评估，对于金额较大的合作，可以要求合作方提供履约担保。

2. 在签订合同时，企业应注意合同的完整性和规范性，防止对方履约不能、逃避责任使己方受到损失。同时，对于金额较大的合同，可以分期付款，尽量减少预付款比例。

3. 在合同履行过程中，企业应定期关注合作方的履约情况及经营状况，如果发现对方经营异常或可能根本违约，应及时提出异议或采取其他合理措施，避免损失进一步扩大。

049 "投资理财"离集资诈骗仅一步之遥
——某金融信息服务有限公司集资诈骗案*

（一）裁判要旨

某金融信息服务有限公司（以下简称某公司）不具有银行业金融机构的从业资质，却采用线下加线上并行宣传的销售模式推广理财产品，通过运转、调度资金池资金，不断吸收新投资人投资的方式，非法募集资金并用于兑付原有投资人本息。此外，某公司还将投资项目作为对外宣传、吸收资金的手段，并未切实考虑项目本身的回报周期或真实回报，用于生产经营活动的资金与募集资金规模也明显不成比例。因此，某公司存在虚构债权、虚构数据以及虚假宣传等诈骗方法，违反我国金融管理法律规定，破坏了正常金融秩序，符合非法集资的违法性、公开性、利诱性、社会性特征，应认定为非法集资行为。

（二）案情简介

某公司在成立后陆续设立理财门店，通过签订出借咨询与管理服务协议、债权转让协议等方式销售"鑫年丰""月月盈"等理财产品，后设立"广群金融""某宝""某财富""亿宝贷（幸福钱庄）"4个线上理财平台，主要销售"花千贷""善车融""车贷公司借款项目"等理财产品，并建立5个线上放贷平台，向社会不特定对象吸收资金。上

---
* 上海市第一中级人民法院（2019）沪01刑初26号。

海市浦东新区金融服务局向某公司提出全面停止线下业务等多项整改要求，但某公司不仅没有落实整改要求；相反，为填补前期募资过程中形成的巨额资金漏洞，缓解投资人本息兑付压力，决定发行政信通（幸福之路）理财产品，转让建筑施工工程应收债权。2013年10月至2018年4月，某公司通过线下理财门店、线上理财平台非法募集资金共计736.87亿余元，涉及62万余名投资人。

（三）案件分析

本案法院基于被告某公司以非法占有为目的，使用诈骗方法非法集资736.87亿余元，造成被害人实际经济损失共计217.07亿余元，数额特别巨大，情节严重，判决其构成集资诈骗罪。

企业涉嫌集资诈骗犯罪的基本要素包括：其一，假借各种名义编造、虚构虚假项目。虚拟货币、区块链、元宇宙以及各类养老产品、服务等，都是易于诱骗大众的项目背景。其二，宣传渠道多样。为扩大受众范围，涉案企业在宣传方面往往投入不菲，报刊、网络都是虚假信息传播的"温床"。其三，利用人脉关系扩大参与人范围。从发展企业内部员工，到借由实现业绩增长拉拢亲朋，亲戚、朋友、同乡等社会关系是涉案企业利用最频繁的诱骗途径。

（四）数安港合规评析

1. 建立事前合法性审查机制。企业如从事特许经营行业，需获得相关机关的许可认证，对特定重大事项可以引入第三方评估机构进行独立评估，以提供更客观、专业的意见。

2. 加强行业监管、行业自律。行业协会的自律以及对企业成员的监管，既有利于行业整体的持续发展，又能够促进企业个体的合规经营。

3.借助大数据分析技术预防犯罪。利用大数据技术对企业工商信息、行政处罚记录、诉讼执行情况等数据进行汇总、分析，并以此判断是否存在资金的异常流动、汇集的情况，及时发现犯罪线索，尽早避免损害结果扩大。

050 "交投保"为赌博网站提供资金转移服务的行为定性

——满某、孙某非法经营案*

（一）裁判要旨

被告人未经国家主管部门批准，运营第四方支付平台，整合微信、支付宝二维码等收付款媒介，为赌博等违法犯罪网站提供资金转移服务，非法进行资金流转，属于非法从事资金支付结算业务，扰乱了金融市场秩序，情节特别严重，其行为均构成非法经营罪，同时亦构成帮助信息网络犯罪活动罪，依法择一重罪以非法经营罪处断。

（二）案情简介

满某前往重庆某公司定制第四方支付平台即"交投保"平台和租赁服务器，与孙某达成并实施了由满某提供平台、孙某提供赌博网站等客户，二人共同经营均分营利的协议。后满某在重庆市江北区租赁房屋，召集客服、技术人员负责后台维护、收益分发等。满某、孙某通过网络发展多人为代理（以下简称"码商"），代理发展下线（以下简称"码农"）。"码商""码农"提供和收集微信、支付宝收款二维码、银行卡并绑定"交投保"平台。当客户在赌博网站充值时，平台随机推送"码农"控制的支付宝或者微信二维码供客户充值，客户扫码将资金转账至"码农"控制的账户后，平台将"码农"确认收款的信息

---

* 重庆市第二中级人民法院（2021）渝02刑终238号。

推送给赌博网站，赌博网站给客户"上分"。平台将赌博网站发起的转账信息通知"码农"，"码农""码商"平台先后按约定扣除佣金，将剩余款项转入赌博网站提供的账号。

（三）案件分析

1. 本案被告人的行为构成非法经营罪。刑法意义上的支付结算业务是商业银行或者支付机构在收付款人之间提供的货币资金转移服务，根据《非金融机构支付服务管理办法》第3条第1款的规定，非金融机构提供支付服务（包括网络支付），应当取得《支付业务许可证》。本案被告运营涉案第四方支付平台在没有取得《支付业务许可》的情况下，通过"码商""码农"的收付款账户为上游网站及其客户之间提供资金转移服务，实施了资金聚合基础上的资金转移支付行为，脱离了金融主管部门的监管，侵犯了国家在金融领域确立的资金支付结算特许专营制度和管理秩序，属于非法从事资金支付结算业务，构成非法经营罪。

2. 本案被告人构成帮助信息网络犯罪活动。认定帮助信息网络犯罪活动罪，需要满足明知他人利用信息网络犯罪，为其犯罪提供支付结算帮助。本案现有证据只能认定上游网站从事了违法活动，无法认定上游网站是否达到犯罪程度。但是根据"两高"司法解释第12条第2款的规定，本案被告运营涉案第四方支付平台为上游网站的违法行为提供了支付结算服务分别获利千万余元，远超该司法解释规定的违法所得10,000元的5倍以上入罪标准。因此，被告人的行为构成帮助信息网络犯罪活动罪。

3. 法条竞合下非法经营罪优先适用。本案被告人运营涉案第四方支付平台非法进行资金支付结算的行为同时符合非法经营罪和帮助信息网络犯罪活动罪全部构成要件，依照刑法理论通说以及《刑法》第287条之二第3款的规定，应当以处罚较重的非法经营罪定罪量刑。

（四）数安港合规评析

第四方支付平台聚合相关银行、第三方支付为交易双方或多方提供在线支付综合解决方案，在此过程中，一旦突破法律红线，未经审批非法从事资金结算业务，就有可能触犯非法经营罪、帮助信息网络犯罪活动罪等。因此，第四方支付平台在运营过程中，应当强化合规意识，做好刑事风险防范，避免开展脱离监管的资金流转行为。

051 买卖快递空包"助纣为虐"应受刑罚制裁
——郭某昊、郭某麒等非法经营案[*]

（一）裁判要旨

被告人违反国家规定，以营利为目的，单独或结伙将事先购买的空快递单号层层转售给网店卖家，并将网店卖家编造的虚假物流信息发布在快递公司官网，最终形成电商平台虚假销售记录。该案各被告人明知是虚假信息仍通过信息网络有偿提供发布信息等服务，扰乱市场秩序，情节特别严重，其行为均构成非法经营罪。

（二）案情简介

郭某昊、郭某麒、潘某敏、黄某某、倪某某、潘某、唐某等人以营利为目的，单独或结伙经营"空包"业务。潘某敏、黄某某、倪某某、潘某从唐某处购进空快递单号后出售给郭某昊、郭某麒等人，郭某昊、郭某麒再转售给电商平台的网店卖家，随后郭某昊、郭某麒又将网店卖家用于"刷单"的快递单号上编造的虚假发货、收货信息再层层收集、整理，通过潘某敏等人传递给唐某，最后由快递公司的人在快递公司官网上发布相对应单号的虚假物流信息，躲避淘宝等电商网络平台系统的稽查，从而为网店卖家"刷单炒信"提供服务，最终使网店卖家在电商网络平台上呈现虚假的销售记录，进而提升网店卖家的销量、信誉、排名，欺骗网店买家。

---
[*] 上海市奉贤区人民法院（2019）沪0120刑初404号。

(三) 案件分析

本案被告人郭某昊、郭某麒等人不仅在网上买卖空快递单号，还包括带有虚假买卖内容的物流信息，各被告人在各自环节层层抽成、各自牟利，为网店卖家在快递公司网站上发布虚假物流信息和在电商网络平台上发布虚假销售记录搭建渠道，提供服务。各被告人明知其行为是在帮助网店卖家"刷单炒信"，主观上具有在快递公司网站、电商平台网上发布虚假信息的故意，客观上实施了层层转售、层层传递的服务行为，最终完成了虚假信息的发布。

各被告人的行为违反国家规定，对明知的虚假信息，以营利为目的通过信息网络有偿提供发布信息的服务，实质上有损于互联网交易公开透明的诚信体系，是对互联网交易秩序的扰乱，侵害了市场经济秩序。根据《利用信息网络实施诽谤等刑事案件的解释》第 7 条的规定，构成非法经营罪。

(四) 数安港合规评析

1. 快递物流企业应当加强自律，自觉抵制"发空包"之类的不良竞争，彻查物流刷单网点，对严重违规的网点予以关停。

2. 电商平台应当通过算法模型、人工巡查等技术手段对商家行为、交易数据、物流信息等建立全交易链监控，以识别并防范通过虚构物流信息的手段进行刷单炒信的行为，联合国家监管部门、快递企业发挥大数据的能力，针对查实的快递网点及商家驱逐出平台，加大对此类行为的惩戒。

052 未经许可不得销售VPN代理服务
——薛某非法经营案*

（一）裁判要旨

被告人薛某经营的是国内互联网虚拟专用网业务，在未取得增值电信业务经营许可的情况下，其违反国务院的行政法规及工业和信息化部的部门规章的规定，非法从事增值电信业务的经营活动，扰乱电信市场秩序，属于非法经营活动，且达到"情节严重"的程度，应当以非法经营罪追究刑事责任。

（二）案情简介

2015年7月至2017年5月，薛某在未取得"增值电信业务经营许可证"的情况下，私自在浙江省泰顺县三魁镇锦溪路45号的家中架设VPN服务器，并通过账号为"网络诚信第一商"和"QQ10×××17"的淘宝店铺销售VPN代理服务，营业额达人民币47万余元。

（三）案件分析

根据《电信条例》所附的《电信业务分类目录》第B13的规定，国内互联网虚拟专用网业务（IP-VPN）是指经营者利用自有或租用的互联网网络资源，采用TCP/IP协议，为国内用户定制互联网闭合用户群网络的服务。依据该条款的规定，法院认为本案被告人薛某经营的

---

* 浙江省温州市泰顺县人民法院（2018）浙0329刑初46号。

国内互联网虚拟专用网业务属于增值电信业务。

根据《电信条例》第 7 条和《电信业务经营许可管理办法》第 4 条的规定，经营电信业务，应当依法取得电信管理机构颁发的经营许可证，未取得电信业务经营许可，任何机构或个人不得从事电信业务经营活动。被告人薛某及其经营的电脑店均未取得国家关于国内互联网虚拟专用网业务的经营许可，以营利为目的，擅自经营国内互联网虚拟专用网业务，扰乱了电信市场秩序，构成《刑法》第 225 条第 1 项所述之非法经营罪。

（四）数安港合规评析

1. 为防范风险，企业应当在符合法律法规政策的前提下购买、使用 VPN，购买 VPN 服务前审查确认服务商的经营资质。如果服务商具备增值电信相关业务等相关许可，则可以依法提供仅支持中国境内互联的 VPN 服务。

2. 企业还应当密切注意监管的趋势，并结合自身的风险防范需求，采用技术手段对企业内部使用 VPN 的情况进行监督，设置内部屏蔽网关，或只提供必要网站的访问，并根据《网络安全法》的要求留存相应的网络日志。

3. 企业还需要加强对员工的教育培训，避免员工违反企业 VPN 使用的相关规定，滥用 VPN 与境外互联网联接，构成 VPN 违法行为。

053 "刷单炒信"僭越法律底线或涉刑事惩处
——李某某非法经营案*

（一）裁判要旨

被告人李某某在未取得经营性互联网信息服务的情况下，利用创建的"零距网商联盟"网站经营牟利，为刷单炒信双方搭建平台，并组织卖家通过该平台发布、传播炒信信息，引导部分卖家对商品、服务作虚假宣传。李某某违反国家规定，以营利为目的，明知是虚假的信息仍通过网络有偿提供发布信息等服务，扰乱市场秩序，达到相应数额标准，情节特别严重，构成非法经营罪。

（二）案情简介

李某某通过创建"零距网商联盟"网站和利用 YY 语音聊天工具建立"刷单炒信"平台，吸纳电商平台卖家注册账户成为会员，收取保证金和平台管理维护费及体验费，并通过制定"刷单炒信"规则与流程，组织会员通过该平台发布或接受"刷单炒信"任务。会员在承接任务后，通过与发布任务的会员在电商平台上进行虚假交易并给予虚假好评的方式赚取任务点，使自己能够采用悬赏任务点的方式在该平台发布刷单任务，吸引其他会员为自己"刷单炒信"，进而提升自己淘宝店铺的销量和信誉，欺骗淘宝买家。其间，李某某还通过向没有时间赚取任务点的会员销售任务点供其发布任务的方式牟利。另查明，

---

* 浙江省杭州市余杭区人民法院（2016）浙 0110 刑初 726 号。

"零距网商联盟"网站不具备获得增值电信业务经营许可的条件。2013年2月至2014年6月，李某某共收取平台管理维护费、体验费及任务点销售收入至少30万元，另收取保证金共计50余万元。

（三）案件分析

1. 对"违反国家规定"的分析

根据《最高人民法院关于准确理解和适用刑法中"国家规定"的有关问题的通知》的规定，《网安维护决定》及国务院颁布的《网信管理办法》均属于《刑法》第96条规定的"国家规定"。被告人李某某通过创建网站有偿为网店卖家"刷单炒信"提供服务，组织卖家通过该平台发布、传播炒信信息，主观上具有发布虚假信息的故意，客观上由网店卖家实施完成在电商平台上发布虚假信息，构成《网安维护决定》第3条第1项所述的"利用互联网对商品、服务作虚假宣传"。且其通过互联网向上网用户有偿提供信息的服务属于《网信管理办法》第3条第2款的经营性互联网信息服务，却未按照《网信管理办法》的规定取得互联网信息服务增值电信业务经营许可证，明显违反了"国家规定"。

2. 对"情节特别严重"的分析

网络交易亦属于市场交易，本案被告人的行为扰乱了市场交易秩序，且非法获利高达80余万元，根据《利用信息网络实施诽谤等刑事案件的解释》第7条第2款的规定，本案已构成"情节特别严重"的非法经营罪。

（四）数安港合规评析

无论是商家、刷单者，还是电商平台，都要警惕"刷单炒信"触犯刑法红线。各级监管部门、执法单位和电商平台应当联合打击"刷单炒信"行为，构建电商平台监控处置、监管部门处罚措施、司法机关刑事惩罚的分级处置机制。电商平台应当进一步完善治理，引入第三方信用评价机制，利用技术优化算法，完善平台规则，增加商家违规成本；相关监管部门也要加强对电商平台、商家的监管，建立健全刷单"黑名单"等；司法机关对构成犯罪的"刷单炒信"行为予以追究刑事责任。

054 有偿删帖或发布虚假信息具备刑事违法性

——北京 A 文化传播有限责任公司、北京 B 营销策划有限公司、杨某某、卢某非法经营案*

（一）裁判要旨

被告单位北京 A 文化传播有限责任公司（以下简称 A 公司）、北京 B 营销策划有限公司（以下简称 B 公司）违反国家规定，以营利为目的，通过信息网络有偿提供删除信息服务，A 公司另在明知是虚假信息的情况下仍通过信息网络有偿提供发布信息服务，二公司扰乱了市场秩序，情节严重。被告人杨某某系对二公司直接负责的主管人员，其指挥、策划并直接实施非法经营活动；被告人卢某直接参与实施了 B 公司的非法经营活动，系直接责任人员。被告单位 A 公司、B 公司，被告人杨某某、卢某的行为均已构成非法经营罪。

（二）案情简介

A 公司的业务包括网络推广、事件策划和舆情监测，其以营利为目的在各大网站及论坛上发布虚假信息，策划虚假事件在网络上进行炒作，删除互联网负面信息，或发布正面稿件稀释负面信息。自 2008 年至 2013 年，A 公司多次通过信息网络有偿提供删除信息服务和发布虚假信息服务，非法经营数额共计人民币 531,200 元。

B 公司的主要业务包括事件策划和舆情监测，其以营利为目的为客户删除互联网负面信息，并雇用水军撰写正面稿件在各大网站进行发

---

* 北京市朝阳区人民法院（2014）朝刑初字第 1300 号。

布。自 2012 年 5 月至 2013 年，B 公司通过信息网络有偿提供删除信息服务，非法经营数额共计人民币 22 万余元。

杨某某为 A 公司法定代表人，负责该公司的日常经营管理；B 公司法定代表人为杨某某之嫂，由被告人杨某某实际控制并负责公司的日常管理及业务；卢某在 A 公司与 B 公司负责与媒介联系、发稿、删帖等工作。

（三）案件分析

本案法院基于被告单位违反国家规定，以营利为目的，通过信息网络有偿提供删除信息服务和发布虚假信息服务，情节严重，判决其构成非法经营罪。

1. 对"以营利为目的"的分析

非法经营罪成立的一个前提是必须以营利为目的，如果通过信息网络发布虚假信息的目的是博取眼球、引起社会恐慌、敲诈勒索或违背事实侮辱他人、诽谤他人的，可能构成其他犯罪，不能一概而论。

本案被告人杨某某及其所在单位以营利为目的删帖及发布虚假信息，未经国家许可，提供经营性的互联网信息服务，通过不正当手段追求商业利益，把所谓企业的负面信息都删除或者通过编造社会事件进行炒作，为虚假信息的传播提供了手段、平台并扩大了影响范围，在市场自由竞争的情况下，侵犯了公民表达权、知情权和监督权，扰乱了信息网络服务市场秩序，具有较大的社会危害性。

2. 利用信息网络实施非法犯罪的行为方式

通过信息网络有偿提供删除信息服务，不要求行为人明知所删除的信息为虚假信息，而对于通过信息网络有偿提供发布信息服务，必须是以行为人明知所发布的信息是虚假信息为前提，如果发布的信息是真实的，即使有偿发布，也不能认定为非法经营罪。

（四）数安港合规评析

1.利用信息网络有偿提供发布信息服务的相关主体（包括互联网公关公司、互联网广告经营者、互联网广告发布者、互联网信息服务提供者等）应当遵守国家规定，在开展业务过程中，对客户身份、相关资质证明及所发布的信息进行核实，确保在网络上发布的信息的真实性，避免利用虚假信息进行"炒作"。

2.行为人以"公关费""宣传费""合作费"等名义收取费用，无论待删除的信息是否虚假，行为人作为合法网站运营者不管是主动删帖，还是直接雇用技术人员采用非法技术手段删帖，抑或勾连网站人员进行删帖，均可能构成非法经营罪。故行为人受被侵权人委托代理删除信息，应按照最高人民法院《关于审理利用信息网络侵害人身权益民事纠纷案件适用法律若干问题的规定》[1]的规定处理，相关网络平台亦应当配合维护被侵权人的合法利益。

---

[1] 法释〔2020〕17号。

055 假冒"服务"商标亦涉刑
——姚某假冒"乐高"服务商标案*

(一)裁判要旨

《刑法修正案(十一)》第213条将服务商标纳入刑事保护的范畴。服务商标的价值附随于服务活动实现,教育培训课程应视为提供服务。被告单位赤某公司未经注册商标所有人许可,在同一种服务上使用与其注册商标相同的商标,被告人姚某作为单位直接负责的主管人员,在其租赁的店铺经营教育科技领域内的服务,该服务范围在权利人乐高公司核定受保护的服务项目范围内,其行为已构成假冒注册商标罪。

(二)案情简介

涉案三个商标系乐高公司注册商标,核定服务项目为第41类,包括教育、培训、娱乐竞赛等。赤某公司的公司类型为有限责任公司,经营范围为从事教育科技领域内的技术开发、技术咨询、技术服务等。

自2017年7月起,被告人姚某作为赤某公司实际经营者,在其租赁的店铺经营"LG乐高机器人中心",从事教育培训服务(教育科技领域内的服务)。2021年3月至6月,姚某将从他处购得的假冒乐高公司商标的授权书、乐高教育教练资格证书等文件在店铺内展示,并将假冒乐高公司的商标用于店铺招牌、店内装潢、海报宣传、员工服装、商场指示牌等处,假冒乐高公司正规授权门店,提供教育培训服

---

* 上海市第三中级人民法院(2021)沪03刑初124号。

务。经审计，2021年3月至案发，赤某公司共收取培训课时费用人民币51万余元，其中大部分收益由公司支配使用。

（三）案件分析

假冒服务商标罪的识别对象是服务，而服务行业具有无形性、体感性、生产消费同时性的特点。因此，相较假冒商品商标犯罪，在假冒服务商标犯罪中，服务商标使用方式更为抽象。在认定服务商标使用时，需充分考虑服务行业与服务商标的特殊性。

1. 对"同一种服务"的分析

本案中，被告人和被告公司从事的是培训服务，属于教育科技领域服务，乐高公司核定注册的服务商标为第41类，包括教育、培训等。被告的服务对象和服务内容都与乐高公司相同，因此可以认定为"同一种服务"。

2. 对"使用与其注册商标相同的商标"的分析

服务的无形性和体感性导致服务商标无法直接附着于指向对象（服务）本身。因此，需要从服务商标的物理载体呈现、服务的对象、服务内容综合判断。本案中，姚某将从他处购买的权利人商标的授权书和乐高教育教练资格证书等文件在店铺内展示，并将相关服务商标用于店铺招牌、店内装潢、海报宣传、员工服装、商场指示牌等处，使服务对象认为其是乐高公司正规授权门店。因此，可认定为使用了权利人注册商标相同的商标。

（四）数安港合规评析

企业可以从以下方面进行商标法律风险的管控。

1. 完善公司商标管理制度。企业需重视公司商标管理制度的制定、完善与执行,通过设立商标专人管理机制,明确公司商标的注册、使用和维护以及注册商标的续展、变更和转让等公司内部流程,以确保商标的使用与管理合法合规。

2. 增强商标意识,规避法律风险。企业在设计、使用自己的商标时,应当事先进行检索排查比对,确保企业的商标具有显著性特征;对企业已使用或正在使用的商标要及时注册,防止抢注风险进而导致的诉讼风险。有涉外业务的企业,要做好商标国际注册工作;同时加强注册商标的使用管理,严格按照注册商标的核准内容进行使用,不随意更改商标标志或随意扩大商标使用的商品或服务种类。依法做好注册商标的许可备案、转让核准、到期续展等工作,避免出现注册商标被注销等不利后果。

056 销售盗版书籍的刑事法律责任不容忽视

——某公司、张某销售侵权复制品案*

（一）裁判要旨

被告单位某公司、某公司主管人员张某，以营利为目的，多次批量购买盗版图书，并在某公司下属的天猫网店销售侵权复制品，尚未销售的侵权复制品货值金额达到30万元以上，其行为已构成销售侵权复制品罪。

（二）案情简介

新经典公司享有《平凡的世界》《活着》《牧羊少年奇幻之旅》等11部作品在中国大陆的专有或独占图书出版发行使用权。某公司成立于2009年，系有限责任公司，法定代表人为张某。张某担任某公司法人期间，多次批量购买前述11部作品的盗版图书，用于在某公司下属的天猫网店销售。2018年以12,570元的价格向季某出售前述三个品名盗版图书共计600本。2019年公安机关在某公司仓库内查获前述11部作品的盗版图书共计11,970本，货值金额为人民币314,205元。

（三）案件分析

1. 对"销售侵权复制品罪"的分析

销售仅指将侵权复制品向消费者出售，而不是直接非法复制正版

---

* 江苏省张家港市中级人民法院（2020）苏0582刑初565号。

作品（区别于侵犯著作权罪）。某公司多次批量购买盗版图书后，又在其下属的天猫网店销售并获利，可认定为销售行为。所谓侵权复制品，主要是指未经著作权人许可而复制发行的作品，盗版图书属于侵权复制品中的一类。

2. 对"违法所得数额巨大或者有其他严重情节"的分析

销售本条规定的侵权复制品必须是违法所得数额巨大或者有其他严重情节的，才构成犯罪。根据2004年《最高人民法院、最高人民检察院关于办理侵犯知识产权刑事案件具体应用法律若干问题的解释》[①]第6条的规定，违法所得数额在10万元以上的，属于"违法所得数额巨大"。根据2008年《最高人民检察院、公安部关于公安机关管辖的刑事案件立案追诉标准的规定（一）》[②]第27条的规定，违法所得数额未达到10万元，但尚未销售的侵权复制品货值金额达到30万元的，也应予立案追诉。根据本案查明事实，本案中的已销售额尚未达到10万元标准，但是尚未销售的货值金额达到30万元以上，故其行为构成销售侵权复制品罪。

（四）数安港合规评析

企业在经营过程中，应当尽力规避销售侵权复制品的风险，保护自身免受法律诉讼和经济损失，企业可以从以下方面进行规避。

1. 加强供应商审核。对供应商的资质进行严格审查，避免采购侵权产品。尽量从正规渠道和授权经销商处采购产品，减少侵权风险。

2. 提高知识产权意识。对员工进行知识产权法律知识培训，提高

---

① 法释〔2004〕19号。
② 公通字〔2008〕36号。

员工对侵权行为的识别能力。

3.加强合同管理。与供应商签订合同时,明确知识产权条款,要求供应商保证其提供的产品不侵犯他人知识产权。

4.定期质量检查。定期进行产品质量检查,对疑似侵权产品进行重点监控。

5.提高社会责任意识。尊重他人的知识产权,树立良好的企业形象。

057 "克隆"手游的刑事风险分析
——祝某等侵犯著作权罪案*

(一)裁判要旨

被告人祝某伙同他人以营利为目的,未经著作权人许可,通过信息网络向公众传播其计算机软件,违法所得数额巨大或者有其他特别严重情节,其行为已构成侵犯著作权罪,祝某和他人系共同犯罪(其他人另案判决)。

(二)案情简介

祝某为获取非法利益,在明知《问道手游》软件拥有计算机软件著作权,且未取得著作权人雷霆公司及运营单位博约公司授权的情况下,仍作为《问道国际服》《海外问道》《启航问道》《涅槃问道》的手游私服总代理,参与了《启航问道》手游私服游戏端的服务器租赁,先后招募闫某、卢某(另案判决)等人作为子代理,其间通过对接"加付通"等支付平台进行自动充值、资金结算等。祝某通过子代理以及自行推广《问道手游》私服,收取玩家、下级代理充值金额220万余元,从中获利50万元左右。经司法鉴定中心鉴定祝某等人推广运营的《问道国际服》《涅槃问道》游戏客户端与雷霆公司官方"问道手游版本安装包"存在实质性相似。

---

* 浙江省金华市婺城区人民法院(2023)浙0702刑初1525号。

（三）案件分析

1. 对"以营利为目的"的分析

祝某在尚未取得著作权人授权的情况下，仍作为侵权软件的手游私服总代理，参与手游私服游戏端的服务器租赁，招募其他子代理，并通过子代理以及自行推广《问道手游》私服，收取玩家、下级代理充值等，从中获利 50 万元左右。从祝某的实际获利情况、行为表现可以判断其以营利为目的。

2. 对"通过信息网络向公众传播其计算机软件"的分析

就私服游戏软件而言，包含服务器端软件和客户端软件。其中，客户端软件包含玩家所需的基本数据，网络游戏的核心数据主要集中在服务器端程序。私服行为人通过网站、应用市场等渠道发布游戏客户端软件，玩家通过下载安装软件参与游戏，客户端向服务器端传输玩家数据，从而实现游戏进程的推进。本案中，祝某参与手游私服游戏端的服务器租赁，通过代理方式推广问道手游私服，向玩家提供进入游戏的客户端程序，这种做法实际上是对官方合法游戏运营行为的"克隆"，属于通过信息网络向公众传播计算机软件，侵犯了权利人的著作权。

（四）数安港合规评析

抄袭模仿游戏产品的成本低，但是存在巨大法律风险。不仅侵犯游戏开发者和运营商的知识产权，也可能涉及侵犯玩家的个人权益，比如不遵守数据保护法律规定泄露玩家个人信息，盗版软件导致玩家的充值作废，产生经济损失等。随着司法救济水平的提高和监管趋严，企业应树立知识产权风险意识，在商业决策前充分评估法律风险，寻找适合自己的软件开发策略和经营模式，不仅要保护自有知识产权，也要尊重其他权利人的知识产权，促进行业的健康发展。

058 "刷单炒信"构罪吗?
——王某杰、张某某等虚假广告罪案[*]

(一)裁判要旨

明知其行为可能扰乱市场秩序,损害消费者合法权益,仍违反国家规定,组织刷单团队,通过网络平台为网络电商提供刷单服务,虚构交易、发布虚假评价,进行虚假宣传,以提升店铺信誉和交易量,从中非法获利,且情节严重。其行为已构成虚假广告罪。

(二)案情简介

2019年4月至2020年6月4日,王某杰伙同张某某、李某某、康某某、王某旋、王某伟,按照王某杰、张某某各占股30%,李某某、王某旋、王某伟、康某某各占股10%的股份比例,成立刷单团队,雇用陈某甲、詹某、黄某甲、康某甲(均另案处理)等为工作人员,以南平市A电子商务有限公司的名义向南京B网络有限公司租用"365外勤软件"进行接单、派单,通过陈某、黄某甫、代某胜、刘某强等人的刷单团队为网络电商提供刷单服务,以虚假交易的方式,提高店铺的交易量及好评度,以虚假宣传提升店铺信誉,促进店铺成交量。该团队通过刷单非法获利人民币9,865,700余元,另收取被告人代某胜、刘某强团队的软件使用费(端口费)共计人民币1,248,000余元。

---

[*] 浙江省丽水市莲都区人民法院(2021)浙1102刑初69号。

（三）案件分析

1. 本案不应当认定为非法经营罪

非法经营罪属于法定犯，应坚持双重违法原则认定法定犯，即行为违反相关国家规定。2013年"两高"颁布的《利用信息网络实施诽谤等刑事案件的解释》第7条规定："违反国家规定，以营利为目的，通过信息网络有偿提供删除信息服务，或者明知是虚假信息，通过信息网络有偿提供发布信息等服务，扰乱市场秩序，具有下列情形之一的，属于非法经营行为'情节严重'，依照刑法第二百二十五条第（四）项的规定，以非法经营罪定罪处罚……"但是，"刷单炒信"行为不完全符合该司法解释的规定，因为该解释第7条规制对象是网络上"删帖"和"发帖"服务，俗称网络"水军"，将刷单解释为"发帖"明显不合理。"刷单炒信"本质上系虚构交易、虚假评价，将刷单行为定性为非法经营具有不合理性。

2. 本案构成虚假广告罪

虚假广告罪是指广告主、广告经营者、广告发布者违反国家规定，利用广告对商品或者服务作虚假宣传且情节严重的行为，"刷单炒信"属于利用广告对商品或服务作虚假宣传的行为。在网购时代，"刷单炒信"挑战了网络交易数据的客观性，也影响和误导了消费者对网店及产品的认知。在日常生活中消费者往往会根据好评信息和商品交易数据选择商家和产品，而将交易数据扩张解释为广告也在广告的内涵之内。因此，本案刷单炒信行为定性为虚假广告罪。

（四）数安港合规评析

1. 建立严格的内部合规制度。基于 2022 年《最高人民检察院 公安部关于公安机关管辖的刑事案件立案追诉标准的规定（二）》的修改体现出我国严厉打击虚假广告罪的决心，企业应尽快建立全流程的广告合规体系，提高广告合规在企业决策中的重视程度。其中，既包括企业内部的审查机制，以对违反合规情形及时发现并处理，同时可联动外部专业律师，把控重点行业最新进展，并定期对员工、销售人员开展广告合规培训，从源头上避免虚假广告的出现。

2. 积极应对行政调查程序。《新行政处罚法》完善了行政处罚告知和听证制度，企业在行政调查过程中，应依法行使陈述、申辩、申请听证等程序性权利。在立案前的核查阶段，通过陈述、申辩争取不予立案；若已立案，可在听证程序中向执法部门提交相关证据，证明企业不存在主观过错或违法行为较轻等，争取从轻、减轻处罚甚至是不予行政处罚的结果。

059 警惕"人才流动"招致侵犯商业秘密罪
——郑某、丘某侵犯商业秘密罪案[*]

（一）裁判要旨

侵犯商业秘密犯罪分为"违约型"和"非法获取型"两种，各有不同的行为模式和损失计算方式。对行为人在工作中利用职务便利合法、正当地接触、获取商业秘密后，违约披露、使用或允许他人使用的，应认定为"违约型"，损失数额可根据权利人因被侵权造成销售利润的损失确定；在因被侵权造成销售量减少的总数难以确定时，权利人销售利润损失依据侵权产品销售量乘以权利人每件产品的合理利润的方式计算。对不属于行为人职务范围内合法、正当接触和获取的商业秘密，则可合理推定行为人系利用工作便利，以"其他不正当手段"获取，属"非法获取型"，损失数额可根据该项商业秘密的合理许可使用费确定；在商业秘密无实际发生的许可使用费时，可采取评估虚拟许可使用费的方式确定。

（二）案情简介

Y公司的数字调音台产品（以下简称调音台）在行业中占据领先地位。该公司是"最佳的压缩器"技术信息和"卡迪克调音台三项技术信息"商业秘密的权利人。

Y公司研发部门负责人郑某、工程师丘某利用Y公司技术设备试

---

[*] 浙江省宁波市中级人民法院（2021）浙02刑初35号。

产样机，丘某还窃取了"最佳的压缩器"技术的源代码。

后郑某隐瞒其准备离职并另立公司的真相，以将相关技术资料放于其处备份为由，骗得Y公司"卡迪克调音台三项技术信息"资料。郑某随即指使丘某筛选备份于移动硬盘中，以备使用。经鉴定，该资料的许可使用价值为182万元。

后郑某、丘某先后离职，其利用郑某离职时违反公司保密规定带走的存有"最佳的压缩器"技术等相关资料的"加密狗"U盘，生产侵权产品。后郑某指使他人成立公司，利用前述技术专门生产、销售侵权产品。至案发，共生产、销售侵权产品1205台，给Y公司造成损失91.43万元。

（三）案件分析

侵犯商业秘密犯罪分为"违约型"和"非法获取型"两种行为模式，不同的行为模式影响损失数额的计算。

1. 对"违约型"的分析

郑某与其他被告人均曾系Y公司员工，对Y公司的商业秘密负有保密义务，其另行组建公司，制造销售利用商业秘密生产的调音台产品的行为模式属于"违约型"。

2. 对"非法获取型"的分析

郑某利用职务之便，指使丘某收集Y公司相关资料，窃取Y公司的"最佳的压缩器"技术的源代码，获取了"最佳的压缩器"信息技术秘密，郑某和丘某的行为模式属于"非法获取型"。郑某隐瞒其准备离职并另立公司的真相，以将相关技术资料放于其处备份为由，骗得Y公司"卡迪克调音台三项技术信息"资料并指使丘某筛选备份于移动硬盘中，以备使用。其行为模式属于"非法获取型"。

（四）数安港合规评析

因人才流动带走商业秘密的问题在司法实践中十分突出，企业既要在知识产权合规管理中加强保密措施，防范因人才流失损害企业权益，也应避免通过不正当手段吸引人才、进行不正当的人才交易，警惕新员工带来前东家的商业秘密而承担刑事责任。在招聘过程中，确保不询问应聘者前雇主的商业秘密。对于新加入的员工，审查其是否可能携带前雇主的商业秘密。在后续管理过程中，与员工签订保密协议，要求员工不得泄露或使用任何从第三方获取的商业秘密，提高违约成本。

060 经营信息类商业秘密被侵犯，企业机密须加"锁"
——江西 Y 公司等侵犯商业秘密罪案*

（一）裁判要旨

公司职工应当遵守公司保密协议以及竞业限制等的规定，未经许可不得违反上述规定。职工离职后，对于在工作期间获得的原公司的商业秘密，不得随意披露、使用或者允许他人使用。公司职工发起设立与原公司业务相同的新公司，并将其在原公司工作期间获取的客户资料等经营性信息用于新公司运营的，如相关信息满足秘密性、经济性、采取保密措施等构成要件，并且给原公司的生产经营造成重大损失的，构成侵犯商业秘密罪。

（二）案情简介

余某在担任 S 公司副总经理期间，与公司另一员工罗某密谋成立公司，生产与 S 公司相同的产品。后余某与黄某成立了 Y 公司，后又成立了 W 公司。余某负责两家公司的日常管理，罗某担任 W 公司的销售总监。后余某和罗某等人从 S 公司离职，违反与公司签订的保密协议，将各自在工作中掌握的公司价格体系、客户名单等资料带到 Y 公司、W 公司继续使用。上述两个公司利用 S 公司的客户信息，抢夺 S 公司的客户，截至 2012 年 4 月，共给 S 公司造成经济损失人民币 2000 余万元。

---

* 广东省珠海市中级人民法院（2013）珠中法刑终字第 87 号。

（三）案件分析

对涉案的客户名单、价格体系是否属于经营信息类商业秘密的分析，即商业秘密的构成要件包括以下几个方面。

1. 秘密性，即有关信息不为其所属领域的相关人员普遍知悉和容易获得。S公司的经营信息事实上包含两方面的内容：一是客户名称、地址、联系方式；二是客户交易习惯、价格体系等信息。对于市场竞争者来说，前述第一类信息可通过网络等公开媒介检索得知，属于该行业公知性信息。但是第二类信息是双方综合考虑自身和市场具体情况，反复协商、不断调整，进而形成的特定的交易习惯。这种有别于前述公知性信息，是在多年生产经营活动中积累获得，区别于一般常识和行业惯例，不为该行业相关人员所普遍知悉和容易获得的。

2. 经济性，即具有现实的或者潜在的商业价值，能为权利人带来竞争优势。判断一项信息是否具有经济性，应当以其在市场上能否为持有人带来经济利益为标准。任意一个稳定客户的形成都需要经营者花费大量的人力和财力不断挖掘和培养，稳定的客户又能够为经营者带来大量的经济利益。S公司的客户资料证实该公司已与名单上的客户实际发生了大量交易，足以认定其客户名单、价格体系能够使该公司产品占领一定的市场份额，并为其带来经济利益。

3. 采取了合理的保密措施，即信息持有人在客观上为防止信息泄露采取了与其商业价值相适应的合理保护措施。S公司已与被告人签订了保密协议。另外，S公司的客户和产品均以系统化编码的形式出现，未掌握编码内容的人无法解读其中具体指代内容。

综上所述，涉案的客户名单、价格体系等是商业秘密。

（四）数安港合规评析

企业应当提高商业秘密受法律保护的意识，严密保护企业的商业秘密，防止遭受他人侵害给企业造成损失，同时也要注意遵守相关法律法规，杜绝因侵犯他人的商业秘密的行为而获刑。

1. 企业须确定商业秘密保护的具体范围。虽然商业秘密受法律保护，但认定侵犯商业秘密并非易事。很多案件的争议焦点就是商业秘密范围的认定。企业在商业秘密管理中应明确所需保密的技术信息和经营信息的范围。商业秘密的内容确定后，则需要根据商业秘密的重要性将商业秘密划分为绝密、机密和秘密三个不同密级，根据不同的密级，可以设置不同级别的保护力度和保护期限。

2. 企业须注意采取具体有效的保密措施。公司要进行风险倒查，识别法律风险、经营风险，在刑事案件中，对保密措施的考察有严格的标准。作为商业秘密保护的信息，权利人主观上必须有将该信息作为秘密进行保护的意识，客观上还应当实施相应保密措施。在商业秘密的三个法定构成要件中，保密性是需要通过主动措施实现的，如果保密信息得不到合理保密措施的保护，则可能丧失秘密性而不被法律所保护。

民事篇

一、民事诉讼之平台责任

061 单方变更服务条款损害用户利益的违约责任
——北京爱某科技有限公司网络服务合同纠纷案[*]

（一）裁判要旨

平台在提供网络服务时的格式条款，其有权利对该条款进行解释，但解释不能超出用户缔约时的合同预期。网络服务平台经营者往往利用格式条款提供方的优势地位，在用户"点击即同意"的格式合同中为自己设置可以单方变更合同的权利。对此，法院认为应当根据网络服务平台经营者单方变更后的条款内容，进行具体判断，立足协调兼顾互联网产业的未来发展与用户权益的妥当保护，在尊重网络服务平台经营者创新商业模式的基础上，一方面认可网络服务平台经营者通过格式条款为自己设置单方变更权条款的效力，另一方面强调单方变更权的行使必须建立在不损害用户合法权益的基础上。如果单方变更权行使后形成的合同条款不当地削减了用户的主要权利，就应当认定此类合同条款损害社会公共利益，属于无效。

（二）案情简介

吴某系爱某科技有限公司（以下简称爱某公司）的黄金VIP会员。在VIP会员服务合同中，导言第2款规定："双方同意前述免责、限制

---

[*] 北京市第四中级人民法院（2020）京04民终359号。

责任条款不属于《合同法》第 40 条规定的'免除其责任、加重对方责任、排除对方主要权利'的条款,即您和爱某均认可前述条款的合法性及有效性,您不会以爱某未尽到合理提示义务为由而声称协议中条款非法或无效。"第 3.5 条规定:"超前点播剧集,根据爱某实际运营需要,就爱某平台上部分定期更新的视频内容,爱某将提供剧集超前点播的服务模式,会员在进行额外付费后,可提前观看该部分视频内容的更多剧集,具体的点播规则以爱某平台实际说明或提供为准。"吴某认为,在电视剧《庆余年》播出过程中,爱某公司推出的"付费超前点播"模式,使其需要额外付费才能看最新剧集,损害了其会员权益。此外,VIP 会员服务合同被爱某公司单方面更改,该协议中亦存在多处违法条款,应属无效。

法院判决确认 VIP 会员服务合同导言第 2 款内容无效,第 3.5 条中的内容对吴某不发生效力,爱某公司向吴某连续 15 日提供吴某原享有的"黄金 VIP 会员"权益,使其享有爱某平台卫视热播电视剧、爱某优质自制剧已经更新的剧集的观看权利,赔偿吴某公证费损失 1500元等。

(三)案件分析

本案法院基于格式条款排除法律的强制性规定,未尽合理提示义务,认定 VIP 会员服务合同第 2 款无效。同时更新 VIP 会员服务合同后的规定不当减损了吴某的会员权益,因此判决该项对吴某不发生法律效力。

1. 对"格式条款"的分析

格式条款的提示义务是格式条款提供方必须应尽的法定责任,需要采取合理的方式提请合同相对方注意。本案中，VIP会员服务合同是爱某公司基于"一对众"的网络服务平台的特有产业模式，是预先拟定并面向众多VIP会员重复使用的条款，VIP会员对于VIP会员服务合同只能"接受或走开"，不能与爱某公司进行协商。爱某公司以格式条款提供方的地位，要求合同相对方承诺放弃以爱某公司未尽到合理提示义务为由而主张格式条款非法或无效，从而达到免除或者降低其法定义务的目的，属于用格式条款的形式来拟制其已尽到法定义务的情形，实质是通过格式条款排除合同相对方的法定权利，规避了应尽的法定义务。因此，法院认定导言第2款无效。

2. 对"合同变更"的分析

合同变更是指不改变合同主体而使权利义务发生变化，合同变更并非消灭原合同，而是在原合同继续存续的基础上对某些权利义务内容作出修改。需要强调的是，约定单方变更的条款应以不损害用户利益为前提。本案中，爱奇艺公司在案涉影视剧播出期间，已经明确标注黄金VIP会员对该剧享有"热剧抢先看"的权益，而后续更新的VIP会员服务合同中设置的"超前付费点播"是对"热剧抢先看"会员权益完整性的切割，实质性地减损了吴某的会员权益，改变了原合同的权利义务关系，对吴某不应发生效力。

(四) 数安港合规评析

1. 企业在日常的经营活动中可以使用格式条款以节约交易成本、提高效率，但应当坚持公平原则确定双方的权利义务，注意文字表述的准确性，避免因歧义造成不利于己方的解释。同时，企业在提供格式条款时应当采用足以引起相对方注意的方式进行说明，如使用特殊

177

数据百案分析

字体、字号、符号、内容加粗等形式，将需要提示的条款予以重点标注。

2. 企业应在每次迭代服务推出之后，及时告知消费者，并且应给予消费者自由选择的权利，提供给消费者便捷的退出渠道，比如本案中，爱某公司在更新 VIP 会员服务合同后应提供便捷的退费渠道。

062 未成年人游戏充值的平台责任
——广州S网络科技有限公司网络服务合同纠纷案*

（一）裁判要旨

8周岁以上的未成年人实施民事法律行为应由其法定代理人代理或经其法定代理人同意、追认。逄某卉在实施案涉充值行为时年龄为15周岁，且其法定代理人未对该充值行为明示予以追认，故逄某卉实施的充值行为无效，S网络科技有限公司（以下简称S公司）应当向逄某卉返还上述充值款。但S公司对于实名认证信息并无过错，已尽到相应的提醒义务并设立防护机制，而逄某卉母亲作为逄某卉的监护人，未保管好自己的账户、密码等重要信息，未对逄某卉进行必要的教育和管束，亦应承担相应的责任。

（二）案情简介

本案App名称为"欢游"，其中欢游用户服务协议涉及未成年人的条款中已明确规定未成年人应在取得法定监护人的同意后使用"欢游"的产品与/或服务，属已尽到提醒义务。逄某卉（案涉充值行为时年龄为15周岁）通过家庭微信群里的父母身份证照片对"欢游"App进行实名认证并充值，且其母亲帮助逄某卉刷脸验证，与S公司成立对应的网络服务合同关系。

法院认定由于逄某卉实施案涉充值行为时为限制行为能力人，充

---

* 广东省广州市中级人民法院（2024）粤01民终2995号。

值行为无效。但逢某卉父母知晓逢某卉使用其身份信息实名认证微信钱包，属于对其本人身份信息保管不善，存在重大过失，亦应承担相应责任。因逢某卉均未能就具体账户的实际支付情况作出梳理和举证，法院据此仅支持进行直接充值的648元予以退还。

（三）案件分析

本案法院基于网络平台已落实未成年人实名注册、登录义务但存在疏忽监管的情形以及根据"限制民事行为能力人未经其监护人同意，参与网络付费游戏等方式支出与其年龄、智力不相适应的款项，监护人有权请求网络服务提供者返还该款项"的指导意见，判决S网络科技有限公司返还对应充值款。

1. 对"落实未成年人实名注册、登录义务"的分析

本案欢游用户服务协议涉及未成年人的条款中明确约定了未成年人应取得法定监护人同意后再进行"欢游"产品/服务的使用，符合《未成年人网络保护条例》规定网络游戏服务提供者应当通过统一的未成年人网络游戏电子身份认证系统等必要手段验证未成年人用户真实身份信息的要求。同时，《未成年人保护法》规定，国家建立统一的未成年人网络游戏电子身份认证系统，网络游戏服务提供者应当要求未成年人以真实身份信息注册并登录网络游戏。

2. 对"支出与其年龄、智力不相适应的款项"的分析

对于未成年人支出款项的数额方面，法律规定没有采用"一刀切"的做法，而是将应予返还的款项限定在与未成年人的年龄、智力不相适应的部分。在司法实践中，通常由法官根据未成年人所参与的游戏类型、成长环境、家庭经济状况等因素综合判定。

（四）数安港合规评析

1. 企业应进一步强化实名认证功能，有效甄别未成年人。包括但不限于建立完善的认证模式，识别登录用户的身份，防止未成年人以成年人身份账号进入网络平台。

2. 加强充值管理，限制未成年人冒用家长身份充值。为有效防范未成年人利用成年人账户进行过度充值，采取有效措施对用户画像予以甄别，企业应加强前端管控，在充值支付环节设置密码、指纹甚至人脸识别等多重验证机制，对有可能发生未成年充值的用户采取更为严格的验证模式，以实现对家长账户资金的保护。

063 网络游戏有偿抽奖规则设置的合规问题
——张某、杭州 L 科技有限公司等网络服务合同纠纷案[*]

（一）裁判要旨

在平台抽奖的概率事件中，抽奖概率如果在消费者之间是公平的，即使其中一个消费者中奖的次数少于其他消费者，也不视作在交易价格等交易条件上实行不合理的差别对待。法院裁判，首先，案涉游戏共鸣度数值的高低主要与镶嵌在装备上的传奇宝石的等级有关，其中既有随机获取宝石的方式，亦有通过充值购买获取宝石的方式，即充值获取宝石并非唯一方法。其次，张某的游戏账号在 2022 年 8 月 19 日至 10 月 23 日在"不朽秘境"共进行了 108 次使用钥石获得宝石的操作，每次获得时累计使用的钥石数量均少于 50 把，符合游戏公示的获取传奇宝石概率。最后，玩家同意网易游戏服务器所储存的数据作为判断标准，杭州 L 科技有限公司（以下简称 L 公司）提供张某及相同服务器的其他玩家的数据可以作为判断标准，充值金额与张某的充值金额相当但共鸣度数值各不相同，既有比张某的共鸣度数值高的，也有比张某的共鸣度数值低的。张某以其充值金额较其他玩家大但共鸣度比其他玩家低为由主张受到不合理的差别待遇，缺少事实依据，法院不予支持。

（二）案情简介

L 公司是游戏开发者，H 公司是游戏经营者。原告玩家在游戏《暗

---

[*] 广州互联网法院（2023）粤 0192 民初 256 号。

黑破坏神：不朽》共消费了 4723 元，以用于游戏道具充值，以获取有获得概率的游戏道具，但是完成上述充值之后，原告并未如期望通过消费游戏道具获得对应游戏装备。原告认为，这是通过数据演算进行的差别化对待，按照举证责任倒置的法定举证责任要求，被告应当证明自身不存在过错。本案中，证据无法证明 H 公司参与该游戏的实际运营，不是本案的适格被告；原告主张游戏副本公示的获取传奇宝石概率不同，缺少事实依据，原告提交的现有证据无法证明 L 公司存在虚假宣传；原告以其充值金额较其他玩家大但共鸣度比其他玩家低为由主张受到不合理的差别待遇，缺少事实依据。证据不足以证明 L 公司存在故意告知原告虚假的钥石消耗数量以诱使其作出继续充值消费的错误意思表示，故原告提出 L 公司存在欺诈行为的主张，缺少事实和法律依据。网易公司通过短信、电话等方式告知原告游戏道具消耗数量，因此原告认为 L 公司侵害其知情权的主张，法院不予以支持。

（三）案件分析

本案法院基于原告诉请被告违反《个人信息保护法》第 24 条、第 69 条的规定和涉嫌虚假宣传，退还原告充值款 4723 元，并回收原告游戏里用人民币购买的所有游戏道具。法院就本案争议焦点：网络服务合同纠纷被告是否适格、被告游戏副本公示的道具获取概率是否存在虚假宣传、被告是否对原告采用不合理的差别待遇、被告存在欺诈行为诱使原告充值购买道具、被告侵害原告作为消费者的知情权进行裁判。

1. 对 H 公司作为网络服务合同纠纷被告是否适格的分析

原告张某注册认证为游戏《暗黑破坏神：不朽》的玩家，H 公司负责该游戏的开发、研发，L 公司负责该游戏的注册、收费、管理、运营等服务，故原告与被告 L 公司之间形成网络服务合同关系。现有证据无法证明 H 公司参与该游戏的实际运营，亦未举证证明其与 H 公司缔结了网络服务合同关系，故 H 公司不是本案的适格被告。

2. 对被告游戏副本公示的道具获取概率是否存在虚假宣传的分析

根据游戏机制设置，游戏中玩家获得"传奇宝石"游戏道具共有两种方式：一种是完成一次性的主线任务，另一种是通过挑战副本。从游戏机制设置而言，主线任务的游戏玩法优先于挑战副本玩法。而游戏公示的"不朽秘境机制"（"不朽秘境"即为副本玩法的游戏内名称）载明了宝石获得概率，仅适用于副本玩法。因此，原告提出的诉请缺乏事实依据，被告游戏副本公示的道具获取概率无法被证明存在虚假宣传的情况。

3. 对被告 L 公司是否对原告张某采用不合理的差别待遇的分析

在本案中，根据查明事实，传奇宝石的获取具有随机性。而随机性是偶然性的一种形式，对于一个随机事件探讨其可能出现的概率，可以反映该事件发生的可能性的大小。根据游戏机制，充值获取宝石并非唯一方法，根据数据统计，原告的游戏账号在 2022 年 8 月 19 日至 10 月 23 日在"不朽秘境"共进行了 108 次使用钥石获得宝石的操作，其获得传奇宝石的概率符合公示的传奇宝石获取概率。此外，玩家同意网易游戏服务器所储存的数据作为判断标准，被告提供原告及相同服务器的其他玩家的数据可以作为判断标准。在相同服务器的其他玩家中，充值金额与原告的充值金额相当但共鸣度数值各不相同，既有比原告的共鸣度数值高的，也有比原告的共鸣度数值低的。且根据游戏机制，被告并未提供充值直接购买或提升共鸣度数值的服务。

因此，原告诉请缺乏证据支持，无法证明被告对原告采取了不合理的差别待遇。

4. 对被告 L 公司是否存在欺诈行为诱使原告充值购买道具的分析

L 公司客服在 2022 年 9 月 18 日通话中告知原告截至 2022 年 9 月 18 日 10 时 6 分其游戏账户角色的强化不朽钥石、闪光强化不朽钥石的消耗数量有误，原告在收到上述两种钥石的消耗数量后亦进行了新的充值消费，但被告于同日 19 时 39 分以手机短信方式告知原告截至 2022 年 9 月 18 日 16 时 7 分经核实后的数据信息。虽然网易客服在通话中向原告提供的两种钥石的消耗数量信息有误，但被告发现错误后已在合理的时间内告知原告正确的数据。本案中，原告无法证明被告存在故意告知其虚假的钥石消耗数量以诱使其作出继续充值消费的错误意思表示，故原告提出 L 公司存在欺诈行为的主张，缺少事实和法律依据。

5. 对 L 公司是否侵害原告作为消费者的知情权的分析

L 公司以短信方式告知原告其"挑战不朽秘境是有强化不朽钥石和闪光强化不朽钥石的混合使用记录，强化不朽钥石和闪光强化不朽钥石的保底次数独立计算"。可知被告已明确告知原告咨询信息。此外，对于原告咨询"不朽秘境"消耗钥石数量情况，被告亦通过电话和手机短信方式告知原告强化不朽钥石、闪光强化不朽钥石的消耗数量。因此，被告不存在侵害消费者知情权的情况。

（四）数安港合规评析

1. 游戏规则的公示是保障企业履行自身维护消费者知情权义务的重要途径，特定的游戏充值功能以及界面中，需要保障可以有效告知玩家用户相关的规则，从而避免用户对于游戏充值服务产生错误认知，或者被认定存在虚假宣传的情况。

2.游戏服务相关企业同样应当履行保障用户知情同意的合规性义务，保障用户知悉自身个人信息处理的目的、用途，特别应当考虑加入极端情况下用于取证的用途，以保障企业在特定情况下维护自身合法权益。

064 平台向关联方提供用户信息的告知同意义务
——某电商平台向内嵌支付机构提供个人信息案*

（一）裁判要旨

信息处理者作为一方当事人的合同所必需及为履行法定职责或义务所必需的合规处理行为，也视为法定许可情形。在尚未发生实质性损害的情况下，违法处理信息主体的个人信息是否造成人格尊严等精神损害，应充分考虑处理行为的特点、量级、违法性和个人信息类型等因素，判断信息主体是否因违法处理行为陷入可能预见的风险和焦虑中，若答案为肯定，则应认定构成对人格尊严、人格自由的精神损害。

（二）案情简介

吴某某首次注册某电商购物App使用"多多钱包"支付服务中的"免输卡号添加银行卡"功能时，误触了列表的"民生银行"而得到"暂无银行卡可以绑定"的反馈，吴某某认为系平台泄露其敏感个人信息所致。此外，其查阅用户协议内容后发现该App与"多多钱包"运营主体不一致，且其无法注销，故向法院提起诉讼。

经查，某电商购物App的运营主体是上海寻某信息技术有限公司，而"多多钱包"是上海某信息服务有限公司。吴某某开通"多多钱包"时输入的姓名、身份号码等信息，先由App运营者收集、存储，在未

---

* 浙江省杭州市中级人民法院（2021）浙01民终12780号。

告知吴某某并获其同意的情况下提供给某信息服务公司，该公司再供给合作银行。吴某某选择免输卡号绑卡时，银行据上述信息验证其是否为该行持卡人。若是，则留存信息并进入绑卡；若不是，亦留存该信息并反馈某信息服务公司。

（三）案件分析

本案系杭州互联网法院个人信息保护十大典型案例之一。

案涉信息处理行为缺乏合法性基础，侵害了原告的个人信息权益。

1. 某电商平台向"多多钱包"提供收集的原告个人信息，属于未明示信息处理的目的、方式、范围的行为，原告系在未充分知情的情况下披露了个人敏感信息——该行为既违反平台与原告的合同约定，也不符合知情同意规则；

2. "多多钱包"收集原告个人信息时，某电商平台未以任何形式告知并获得原告同意，亦不存在通过订立、履行合同必需规则或履行法定义务规则等获得处理原告个人信息的合法性基础。

原告在未被充分告知的情况下因个人敏感信息被违法处理产生对个人信息风险的担忧，对个人生命健康、人格尊严或经济利益可能遭受严重损害或极易遭受损害产生恐惧、焦虑等情绪，认定为遭受到精神利益的损害。被告作为行业内影响力较大的公司，应采取更加审慎、周密的方式，及时发现、改进平台中违法处理个人信息的设置。二者在本案中显然未尽到前述注意义务，存在明显过错。

（四）数安港合规评析

App 企业向第三方服务提供者提供用户个人信息使用时，应当在提供之前公开第三方收集使用个人信息的目的、数据接收方的类型等，如果涉及个人敏感信息的，还应征得主体的明示"单独同意"。故建议企业在 App 隐私政策中逐项列举其所使用的有关个人信息收集行为的第三方信息清单，并平行放置《第三方 SDK 收集使用个人信息声明》，设置单独勾选框点形成区分。同时关注对第三方服务提供者可靠性的评估，监督其是否为所提供服务配备安全开发规范文档和数据安全管理制度，并定期（至少每年一次）对相关人员开展培训考核，与其在合同中约定好安全漏洞响应、个人信息安全保护方面的各自义务，并做好信息披露工作。

065 平台向合作方提供个人信息的告知同意义务
——某信息技术公司对外提供个人信息案[*]

（一）裁判要旨

信息处理者抗辩其尽到告知同意义务的，应对进行告知并获取同意的相关事实负有举证责任。信息处理者仅提供其单方后台存储数据用以证明其获取同意，但在该数据存在明显异常，且缺乏其他佐证和合理说明的情况下，仅凭该证据不能证明其获得了有效同意。

（二）案情简介

某信息技术公司（以下简称某公司）为某汽车信息软件运营者。吕某为该软件用户，吕某诉称，其使用该软件时，软件跳出某品牌汽车报价弹窗，其中用灰色小字体标识"经销商将致电您提供报价，请注意接听"，吕某点击接受后才发现该页面是询问吕某是否同意将其手机号码等个人信息向页面中列举选择的3家该品牌汽车经销商进行共享和传输。此后一周内，吕某陆续收到了3个品牌的9家当地汽车4S店的多条报价电话。吕某认为，某公司未经同意将其手机号提供给其他公司，侵害了其个人权益。某公司辩称，其向服务经销商共享其手机号是在吕某确认和同意的情况下进行的，吕某连续两天共3次使用了询价功能，分别对3个汽车品牌的3款车型进行了询价，因此才发生了对应时间点服务经销商向其致电的情况。

---

[*] 北京互联网法院（2021）京0491民初46779号。

（三）案件分析

本案系个人信息保护领域的典型案例，明确了信息处理者对其尽到告知同意义务负有相应的举证责任。

本案法院基于被告提供的后台数据存在异常，且未对该数据形成的合理性予以说明，认为被告无法证明其获得原告的明确同意、单独同意。因此，认定被告在缺乏原告有效授权同意的情况下，将原告手机号提供给经销商，构成个人信息权益侵权。

1. 对"征得个人同意"的分析

个人信息处理者收集、使用个人信息的规则包括：第一，基于个人同意处理个人信息的，该同意应当由个人在充分知情的前提下自愿、明确作出；第二，个人信息处理者向其他个人信息处理者提供其处理的个人信息的，应当向个人告知接收方的名称或者姓名、联系方式、处理目的、处理方式和个人信息的种类，并取得个人的单独同意。依据个人信息保护规则，被告某信息技术公司在收集、使用原告个人信息时，应当征得原告的明确同意、单独同意。

2. 对"征得个人同意"举证责任的分析

被告提交了用户询价服务系统公证以证明原告曾操作过相应的询价功能，但该数据显示的操作时间存在异常，IP地址、备注姓名均与原告真实情况不一致，难以确认该询价行为系吕某作出及出于原告真实意愿，被告未对数据异常的合理性予以合理说明，故法院对该份证据不予采信。故法院认为，被告无法证明存在原告有效授权同意。

（四）数安港合规评析

告知同意是个人信息保护领域的重要规则，由于用户和企业在个人信息保护中所处的地位不同,企业在证明告知且用户有效授权同意中负有较强的举证责任。企业作为个人信息处理者不仅应当完善授权同意的程序和界面设置,同时可以通过允许用户查询其授权同意记录来强化其举证能力。

1. 信息处理者主动设置操作指引,公开提供具体的查阅、复制路径,由个人信息主体通过自行查阅、下载或导出的方式实现其个人信息查阅、复制请求。

2. 信息处理者通过设置专门的系统或人工客服渠道,受理个人信息主体提出的查阅、复制请求,并经过一定审查程序后,再行决定应否或如何响应个人信息主体的具体请求事项。

066 应用程序（App）应提供机制保障用户的选择权
——淘宝个性化推荐合法性基础案[*]

（一）裁判要旨

信息处理者利用自动化决策方式进行个人信息处理活动，如收集、使用了具有个人特质的信息，个人信息处理者应当在第一次使用时，向个人提供便捷的拒绝方式。信息处理者事前通过隐私政策等取得个人概括性同意以及事后提供拒绝方式，可视为对个人知情同意权的保障，此时，信息处理者利用个人信息进行自动化决策具有合法性基础。

（二）案情简介

郭某某发现在打开某宝 App 时会弹窗显示"隐私权政策"，若选择"拒绝"则不能继续使用 App。郭某某认为，"隐私权政策"所披露的收集和使用用户个人信息范围中的浏览、搜索记录及设备信息、服务日志信息超出提供产品或服务所必需的个人信息范围，属于非必要个人信息，要求用户选择"同意"或退出系以捆绑服务、强制停止使用等不正当手段变相诱导、胁迫用户提供个人信息，是违法违规行为。故于 2021 年 7 月将某宝公司诉至杭州互联网法院，要求判令某宝公司承担赔礼道歉、增设使用选项并赔偿经济损失。

---

[*] 杭州互联网法院（2022）浙 0192 民初 4330 号。

（三）案件分析

本案系杭州互联网法院个人信息保护十大典型案例之一。

1. 某宝 App 请求阅读和同意"隐私权政策"并非以不正当手段强迫提供个人信息

（1）"隐私权政策"采取首次运行时、用户注册时均提示用户是否同意的事前概括同意机制，保障了用户基本知情同意权；

（2）App 内部设置便捷的拒绝自动化推荐选项，提供了个人信息权益保障的事后选择机制，符合《个人信息保护法》第 24 条规定。

2. 某宝 App 并未收集、使用超出提供产品或服务所必需的范围的个人信息，符合比例原则

（1）基本功能定位所必需的个人信息：某宝 App 属网购类移动互联网应用程序，有权收集、处理原告的手机号码、收货地址、交易金额和具体时间、支付途径等；

（2）维护网络安全所必需的个人信息：用户的浏览、搜索、收藏、评论等行为的数据痕迹是基于网络技术客观形成；设备信息和服务日志信息是 App 服务器接入网络形成；而精准定位信息属个人敏感信息，某宝 App 会依具体情境获得用户单独授权后获取。

因此，被告公司并未侵害原告个人信息权益，法院依法驳回郭某某诉讼请求。

（四）数安港合规评析

电商平台经营者应当在平台协议中以显著、清晰的方式注明收集处理个人信息的目的和范围，并对其个性化推送服务所采用的算法技

术进行合理告知,包括基本原理、所依据信息来源以及主要运行机制等内容。利用个人信息进行自动化决策的企业,应定期进行风险和影响评估,内容包括个人信息处理目的、方式的合法性和必要性,对个人权益的影响和安全风险,所采取保护措施的有效性和风险的适应程度等。此外,建议相关企业定期优化其个性化推荐功能,明确标识"广告"字样和"一键关闭"按钮,同时配备相应人工审核,防止扎堆推送及不良信息内容。

二、民事诉讼之个人信息保护

067 企业受托处理用户个人信息的保护义务
——汉某酒店隐私权纠纷案*

（一）裁判要旨

隐私权权利人在证明被告泄露其个人隐私信息侵犯其隐私权时，须证明遭泄露的信息确实是其向被告提供的个人隐私信息。同时，若遭泄露信息与被告处的个人信息虽存在一致性，但除原告外该等信息并非仅由被告掌握，并不能仅凭此证明被告处原告的个人信息与遭泄露的个人信息之间的关联性。

（二）案情简介

王某某出差广州期间分别于2012年12月3日入住当地汉某酒店，12月5日入住另一家汉某酒店并在第二天换房。2013年10月5日，乌某某（WooY某某.org）在其官网上以"如家等大量酒店客户开房记录被第三方存储并因漏洞导致泄露"为题，公开披露慧某网络公司开发的酒店无线认证门户系统存在高危漏洞，易导致客户敏感信息泄露的事实和证据。2013年10月10日，慧某网络公司在其官网公告承认自身无线门户系统存在信息泄露安全隐患。之后不久，网上出现名为"2,000wcsv"的数据包和相应查询网站。王某某通过输入自身身份证

---

* 上海市浦东新区人民法院（2014）浦民一（民）初字第501号。

号在数据包以及网站中搜索到自己的酒店入住信息以及个人隐私信息，认为是汉某酒店未能尽到安保义务导致的泄露。

(三) 案件分析

本案法院基于被告单位不存在侵犯原告隐私权的事实以及被告系基于相关法律法规或行业规定保存原告入住酒店的信息，判决驳回原告的相关诉讼请求。

1. 对"网上流传的数据包中的原告信息是否是其在酒店的入住信息"的分析

经比对，被告单位酒店管理系统以及个人会员管理系统中留存的信息与网上流传的"2000万开房信息"中信息在涉及原告"姓名、身份证号、性别、生日"几方面有一致性，而包括住址、手机号以及开房入住时间在内的其他方面信息不一致，且原告未能证明其该等不一致系由于被告更改导致的主张。同时，法院认为被告提供入住时间信息与证据相符且符合常理。对于两者一致的部分，由于并不被被告单独掌握，其扩散渠道也并不单一或唯一，因此难以仅凭该等一致性判断其源自被告。

2. 对"被告是否泄露原告入住信息，是否构成隐私权侵害"的分析

慧某网络公司与汉某酒店均一致否认双方在无线门户系统存在合作关系，且发布系统漏洞的乌某某也在官网作出相应澄清。因此，法院对网上流传信息系汉某酒店系统中留存的入住信息泄露的结果这一事实不予采信，因而也不存在被告侵犯原告隐私权的事实。

（四）数安港合规评析

1.企业应注重自身网络安全、数据安全与个人信息保护安保措施，在使用第三方提供的相应服务时，应核查其资质以及往期违规、处罚等网络安全相关记录，保障第三方服务商具备适当的安全能力。

2.企业在处理个人信息过程中，应做好信息处理留痕工作，保障所收集个人信息的准确性与合法性，依法收集与存储信息。在极端情况下，良好数据处理留痕能作为企业保护自身合法利益的有力依据。

068 平台对用户个人信息合理使用范畴的界定
——天津 C 公司网络侵权责任纠纷案 *

（一）裁判要旨

购物平台根据隐私政策的约定，将与交易有关的必要信息与第三方商家共享以实现购买商品或服务的需求，属于对平台用户个人信息合理使用的范畴。天津 C 公司依据隐私政策中关于"订单信息、账户信息、设备信息以及位置信息"等信息收集和使用的约定，向涉案商品的尤尼克斯供应商提供了原告的个人姓名、电话号码、购物经历信息，以实现产品售后功能，最终认定没有违反法律规定或双方约定处理个人信息的情形，使用方式方法没有超出合同约定的范畴，不构成对原告隐私权的侵害。

（二）案情简介

原告在注册成为某东会员时，确认并接受隐私政策，隐私政策约定了对用户个人信息使用的情形，其中包括"我们可能会向合作伙伴等第三方共享您的订单信息、账户信息、设备信息以及位置信息，以保障为您提供的服务顺利完成。但我们仅会出于合法、正当、必要、特定、明确的目的共享您的个人信息，并且只会共享提供产品 / 与或服务所必要的个人信息"。

原告在某东平台购买尤尼克斯品牌的球鞋，左脚球鞋出现严重磨

---

* 北京市朝阳区人民法院（2020）京 0491 民初 33476 号。

损，原告在某东平台上反映该问题。后原告接到自称是尤尼克斯的供应商的电话，称平台将原告的个人姓名、电话号码、购物经历给供应商。随后原告与平台客服联系，平台对上述事实承认。原告向北京市朝阳区人民法院主张某东泄露了原告个人信息，侵犯隐私权。

（三）案件分析

本案法院认定基于隐私政策的约定，为实现产品售后功能在必要的限度提供用户某些个人信息，属于合理使用范畴。

1. 对"隐私政策约定"的分析

本案中原告在注册成为某东会员时，确认并接受平台上展示的隐私政策。隐私政策属于格式合同，其中对注册成为会员的用户提供相同的格式化条款，会员在进行注册时，需要接受隐私政策。对于此类格式合同的约束力，法院在本案的判决中，没有因隐私政策是格式合同而就其效力作出单独的分析。法院直接认为隐私政策属于合同，并将隐私政策中"三、我们如何共享、转让、公开披露您的个人信息"，认定为双方对个人信息作出的约定。

2. 对"合理使用"的分析

本案中，平台上展示的隐私政策在"三、我们如何共享、转让、公开披露您的个人信息"中对用户个人信息的使用作了说明和提示，个人信息的使用场景中包括"向合作伙伴等第三方共享订单信息、账户信息、设备信息以及位置信息"，并说明"仅会出于合法、正当、必要、特定、明确的目的共享您的个人信息，并且只会共享提供产品/与或服务所必要的个人信息"。法院认定平台已经在隐私政策中告知并且为了履行商品售后服务，将原告电话号码提供给商品的供应商属于合理使用，不构成对隐私权的侵犯。

（四）数安港合规评析

1. 企业在制定隐私政策时，需要综合整理平台收集使用个人信息的规则，并且对用户个人信息使用作出明确的解释和提示，明示收集使用个人信息的目的、方式和范围，并全面说明个人信息对外共享、转让、公开披露等的情况。

2. 企业在展示隐私政策时，需要保障隐私政策的独立性、易读性。企业应确保用户在进入平台时，界面中能够以弹窗、链接等方式提供隐私政策，以实现用户对个人信息权益的知情同意。

3. 企业在向第三方共享个人信息时，应出于合法、正当、必要、特定、明确的目的共享用户个人信息，并只共享提供产品/与或服务所必要的个人信息。

069 个人信息处理知情同意原则的例外

——F科技公司诉讼程序披露个人信息案*

（一）裁判要旨

为证明待证事实，当事人将已经合法收集的包含个人信息的证据向人民法院提交，属于《民事诉讼法》规定的举证行为，是履行法定义务的行为，在符合正当、必要原则的情形下，依法无须经过用户的同意。在诉讼中合法、正当、必要履行举证责任而处理个人信息的，具有无须征得当事人同意的合法事由，符合合法性原则。

（二）案情简介

许某与F科技公司因确认合同无效纠纷诉至广东省深圳市南山区人民法院。F科技公司为证明其在该案中的主张，向公证处申请公证保全，证据内容涉及许某使用其手机号在2020年5月至11月的取件记录及其对应的快递公司的寄递信息，包括派件时间、快递公司、运单号、取件时间、取件人手机号等信息，后向法院提交。此后，用户许某向北京互联网法院提起诉讼，认为F科技公司在前述案件中，在未经原告同意，也没有经过相关国家机关和司法机关要求的情况下，从数据库中调阅其寄递信息进行公证并向法院提供，属于违法收集使用其个人信息的行为，请求法院判令被告停止侵害、赔礼道歉、赔偿精神损害抚慰金。经过审理，北京互联网法院最终驳回了许某的诉讼请求。

---

* 北京互联网法院（2022）京0491民初19686号。

（三）案件分析

本案系个人信息保护领域的典型案例，是个人信息处理合法性基础"为履行法定义务所必需"条款的典型实践。

本案法院认为，被告未经原告同意处理案涉个人信息的行为符合合法、正当、必要原则。争议案涉信息仅在合法的公证过程中使用和向法庭出示，并无证据显示被告用作他用或向不特定的第三人公开，造成原告权益的损害，不认为构成侵犯个人信息权益。

1. 对"合法性"的分析

F科技公司在诉讼中依法收集和提交证据，属于《民事诉讼法》规定的法定权利。同时，案涉行为发生时，相关国家标准规定了与刑事侦查、起诉、审判和判决执行等直接相关的，个人信息控制者收集、使用个人信息不必征得个人信息主体的授权同意。

2. 对"正当性"的分析

F科技公司处理原告个人信息是用于诉讼中举证，无证据证明该行为是出于侵害原告个人信息权益的目的，其行为具有正当性。

3. 对"必要性"的分析

F科技公司为证明其主张，在其证明目的的合理范围内进行保全和举证符合必要原则。只要当事人合法获得证据，该证据与案件争议焦点具有合理关联性，举证行为无侵害他人个人信息权益之故意或重大过失，即应认定为符合必要性原则。

（四）数安港合规评析

《个人信息保护法》对个人信息保护"知情同意"原则的规定较为原则化，实践中往往遇到许多挑战，导致合规体系建设充满不确定性。

我们建议，数据合规体系建设不仅只查看法律法规，应当在专业人士的指导下，结合法律法规、规范性文件的整体要求和最新实践情况作出综合判断。比如，虽然《个人信息保护法》中对于与诉讼相关的取证等行为是否属于无须同意的情形并未明确，但是 GB/T 35273—2020《信息技术安全　个人信息安全规范》在第 5.6 条列举的"征得授权同意的例外"情形中解决了此类问题。

070 利用算法处理已公开个人信息的准确性义务
——某查查公司算法运行错误导致个人信息不实案*

（一）裁判要旨

互联网平台可以利用算法技术在合理范围内处理已合法公开的个人信息，但应保证个人信息准确。算法运用者对算法具有控制能力，因算法运行错误导致个人信息不准确、不完整的，个人有权要求其承担相应侵权责任。算法运用者不得以"技术中立"否认责任主体地位，其主观过错应结合平台的法律主体地位、算法错误的明显程度、数据所涉权益的重要程度、平台规模、平台营利模式及获利情况等动态因素，在个性化的场景中综合判断。

（二）案情简介

2021年3月，维某公司法定代表人梁某在某查查公司信用信息查询平台查询时，发现梁某的投资任职及风险报告错误地显示其在多家失信企业担任法定代表人等职务，且维某公司的信用报告也被错误地关联了上述信息。梁某、维某公司诉至法院，主张某查查公司侵害了二原告的名誉权以及梁某的个人信息权益。某查查公司辩称系由于其平台算法对与梁某同名同姓但不同身份证号的另一主体识别错误等非人为原因造成，要求驳回原告的全部诉讼请求。广州市中级人民法院于2021年12月31日驳回上诉，维持原判，要求某查查公司公开发表

---

* 广州市中级人民法院（2021）粤01民终29639号。

致歉声明，赔偿梁某等经济损失共 6 万元并承担维权费用。

(三) 案件分析

本案系广东省高级人民法院发布的个人信息保护典型案例之一。

本案法院认为，算法从设计、部署、运行到调整和补漏，均是人为实施的结果，其输出根本上是运用者意志的体现。某查查公司对算法技术的利用本身即创设了危险发生的可能性，应当对危险后果承责。涉案信用报告对同名同姓主体的身份识别错误，是开展征信业务应解决的基础问题，错误类型非常典型、明显，故无论某查查公司是明知而不予解决，还是因疏忽大意未注意该问题，均认定未尽到合理注意义务。案涉信用报告记录了梁某任职的相关企业的司法案件信息，能够单独或与其他信息结合识别到其本人，属于梁某的个人信息。根据《民法典》第 1037 条的规定，案涉错误关联已侵害梁某的个人信息权益，应承担损害赔偿的侵权责任。

(四) 数安港合规评析

法律允许大数据企业对已合法公开的个人信息在合理范围内进行处理，但应保证个人信息质量。《个人信息保护法》规定了"信息准确"原则。根据 GB/T 35273—2020《信息技术安全 个人信息安全规范》的规定，网络运营者负有帮助个人信息主体更正或补充错误个人信息的责任。相关企业应当从确保数据来源合法、数据安全、数据质量等方面监管其数据使用行为，通过改进算法技术、规范数据处理规则来实现良性有序发展。

071 平台处理未成年人个人信息的义务

——北京市人民检察院督促保护儿童个人信息权益行政公益诉讼案[*]

(一)裁判要旨

儿童个人信息属敏感个人信息,对信息处理者应采取一系列个人信息保护额外要求,包括但不限于:禁止在缺乏监护人对儿童个人信息保护规则和用户协议单独同意的情况下,通过算法进行自动化决策,推送儿童用户画像和个性化推荐等;收集、使用、转移、披露儿童个人信息时应以显著方式告知、征得监护人同意,并履行建立专门保护池和隐私安全保护措施等合规义务。

(二)案情简介

公益诉讼起诉人在办理徐某某猥亵儿童刑事案件时发现,北京某科技公司(以下简称某公司)运营的短视频App存在侵害众多不特定儿童个人信息的侵权行为,具体包括:(1)在未以显著、清晰的方式告知并征得儿童监护人明示同意的情况下,允许注册儿童账户,收集、存储儿童网络账号、位置、联系方式以及儿童的面部、声音识别特征等个人敏感信息;(2)在未再次征得儿童监护人明示同意的情况下,运用后台算法,向有儿童内容视频喜好的用户推送含儿童个人信息的短视频;(3)未对儿童用户采取区分管理措施,用户点击"关注"后

---

[*] 杭州互联网法院(2020)浙0192民初10993号。

即可私信联系儿童账户并获取其地理位置、面部特征等个人信息。后经双方调解，某公司承诺按照双方确认的合规整改方案、时间推进表落实整改措施，对整改成效进行评估和报告，接受合规审查，并公开赔礼道歉，赔偿社会公共利益损失 150 万元。

（三）案件分析

本案系全国首例未成年人网络保护民事公益诉讼案，最高人民检察院第三十五批指导性案例。

截至 2020 年年底，某公司短视频平台未成年实名注册用户数量达 69.8 万；通过模型测算，未实名未成年注册用户数可能高达 1000 余万。法院认为，2020 年 12 月 8 日前的某 App 历史版本在处理儿童个人信息的多个环节中，未切实贯彻儿童利益最大化原则，存在危及社会众多不特定儿童个人信息权益和隐私权的行为，具体包括以下几个方面。

1. 在用户注册环节。缺乏单独的儿童个人信息保护协议和通知、征求监护人同意的流程，对未实名注册的高疑似度儿童用户缺乏技术识别手段。

2. 在个人信息收集环节。缺乏以显著、清晰的方式告知并征得监护人明示同意的合理措施，违规收集和管理儿童用户个人信息。

3. 在个人信息存储环节。缺乏专门的儿童信息保护池，应对平台中的儿童个人信息从"内容""用户"两个维度进行加密存储。

4. 在个人信息使用、共享、披露环节。（1）对儿童用户的推送算法未体现对未成年人的特殊保护；（2）在未征得监护人明示同意的情况下，向有儿童视频喜好的用户随意推送含儿童信息的内容并允许下载和共享;(3)缺乏涉未成年人的内容发布的分级审核;(4)对儿童用户未强制开启陌生人关注私信限制、隐藏用户位置、关闭好友推荐和动态展示等功能。

(四)数安港合规评析

根据《儿童个人信息网络保护规定》的规定,14周岁以下儿童的个人信息属于个人敏感信息,相关互联网企业应主动采取安全保护措施。

1. 完善年龄筛选机制以落实儿童身份识别,设置征求监护人同意的显著提示,建立起有别于成人的独立算法机制。

2. 设立专门的儿童个人信息保护规则和用户协议,传输、存储个人信息时,设立专门保护池;共享、转让个人信息前,还应告知所涉个人敏感信息类型、数据接收方身份及数据安全能力,保障信息主体随时拒绝的权利。

072 用户享有对其个人信息的查阅复制权

——周某某诉某品会个人信息查阅复制权案 *

（一）裁判要旨

个人信息遭受侵害或者存在相关风险并不是个人信息查阅复制权行使的前置条件。个人信息查阅复制权的客体包括个人信息，也包括个人信息处理情况。App 提供者是否需要披露第三方 SDK 收集的个人信息，在于 App 提供者是否参与收集了上述信息。同时，个人信息处理者不能以成本过高为由拒绝个人行使查阅复制权的诉求。仅提供个人信息查阅途径不能视为已履行查阅复制义务。个人信息处理者应当采取提供个人信息电子副本等方式满足个人的查阅复制需求。

（二）案情简介

周某某是某品会平台的注册用户，因担心某品会公司运营的平台获取并记载的其本人信息有误或被泄露，或将个人信息用于其他用途损害其利益，周某某致电某品会平台客服，要求某品会披露收集到的其本人信息。但某品会客服表示："用户有填写的信息，可以在 App 个人中心予以查看，且这些信息采取了加密的保护措施，不会泄露；对于用户没有填写的信息，平台无法展示。"同日，周某某向该平台隐私专职部门邮箱发送电子邮件，请求披露其个人信息，平台未予回复。周某某遂诉至法院，最终法院判决某品会公司向周某某提供其已收集

---

* 广东省广州市中级人民法院（2022）粤 01 民终 3937 号。

到的个人信息以及个人信息处理的相关情况。

(三) 案件分析

本案系广东省高级人民法院发布个人信息保护典型案例。

周某某作为平台注册用户，有权要求平台披露收集的个人信息及相关处理情况。

1. 关于个人信息主体的查阅权和复制权

周某某主张因担心个人信息被泄露或个人信息有误，或某品会公司将个人信息用于其他用途损害其利益，故向某品会公司要求披露相关信息。此仅为周某某行使个人信息查阅复制权的动机，上述事由并非周某某行使个人信息查阅复制权的必要前提条件。

2. 关于披露的个人信息范围

周某某作为某品会 App 的注册用户，对于该 App 所收集的个人信息及相关处理情况，有权要求某品会公司进行披露。对于第三方 SDK 收集的个人信息，现有证据亦未能显示某品会公司收集了上述信息，故周某某要求某品会公司向其披露第三方 SDK 收集的个人信息，依据不足。

3. 关于个人信息的披露方式

对于复制权，一般应当理解为提供副本，仅提供查阅途径不能视为已满足周某某复制个人信息的请求。某品会公司应当选择便于查阅的方式向周某某提供个人信息电子化副本。

(四) 数安港合规评析

1. 企业应当对照《民法典》《个人信息保护法》及相关监管要求，

充分发挥自身技术条件,运用信息化技术,建立常态化、便捷化的个人信息查阅复制响应机制,不断降低成本,提升效率,匹配平台用户需求,切实全面保障用户的个人信息查阅复制权。

2. 企业应建立便捷的个人行使权利的申请受理和处理机制,具体内容可包括:(1)确保企业公示的个人信息权利行使路径有效;(2)优化交互页面的设计,完善个人信息披露范围,降低企业披露成本;(3)完善个人信息权利响应机制,诸如对客服人员进行培训,对用户的权利主张及时给予答复或反馈,从而降低企业涉诉风险;(4)如企业无法提供用户要求提供的个人信息,应及时向用户解释说明原因,避免直接拒绝提供或无视用户申请而引起不必要的纠纷。

073 短信营销技术服务提供者的合规义务

——广州某顺公司发送商业短信侵害个人信息权益案 *

（一）裁判要旨

实名注册的手机号码属于个人信息，信息公司未经自然人同意向其手机发送商业短信的行为构成对个人信息的不当收集、使用等。在无相反证据的情况下，发送商业短信号码的登记使用者为个人信息处理者，合理推定短信发送行为涉及个人信息处理行为，在未征得信息主体同意情况下构成个人信息侵权。即使信息公司在其中仅提供技术支持，在无明确证据证明的情况下，信息公司作为短信端口提供商仍会被认定为个人信息受托处理者。

（二）案情简介

2021年，王某的手机收到一条由广州某顺公司所使用的号码10692735×××发送的短信，内容为"您的话费余额即将不足？送您立减6元话费充值券，限时1天领取……回复BK退订"。王某按短信提示回复"BK"退订，产生资费0.1元。王某认为手机号码属于受法律保护的公民个人信息，某顺公司有获取、持有、使用等处理王某个人信息的行为，该处理行为未取得王某同意，侵害了其个人信息权益。

（三）案件分析

本案为广东省高级人民法院发布的个人信息保护典型案例。

---

* 广州互联网法院（2021）粤0192民初44778号。

涉案手机号码属于王某的个人信息，在王某未曾提供该手机号码的情况下，某顺公司向王某手机号码发送商业广告，属于未取得王某同意即处理其个人信息，构成对王某个人信息权益的侵害。

1. 对"被告在案涉短信发送中处于何种法律地位"的分析

案涉短信由被告掌握的号码端口发出，即使被告抗辩其仅是短信端口服务提供者，但却未提供其与案外人就短信发送服务签订的合作协议等相关证据，并不足以证明被告系受案外人委托发送短信，应认定其系该信息内容的提供者，由其对该信息发送所产生的法律后果直接承责。

2. 对"被告属于个人信息处理者"的分析

被告向案涉手机号码发送商业广告，属于利用收集的原告的个人信息进行商业广告推送的个人信息使用行为。被告存在处理原告个人信息的行为，系个人信息处理者。

3. 对"被告侵犯个人信息权益"的分析

任何组织或个人在处理个人信息时都应当告知信息主体即其个人信息被处理的自然人，并在取得同意后，方可从事相应的个人信息处理活动。被告未告知并取得原告的同意即处理其个人信息，侵害了原告对其个人信息的决定权，构成对原告个人信息权益的侵害。

（四）数安港合规评析

1. 手机号码属于个人信息，向手机发送商业短信的行为构成对个人信息的处理。企业在发送商业短信前需要征得用户同意。对此目前不要求"单独同意"，可通过"一揽子"同意即通过隐私政策/个人信息保护政策的方式告知用户，收集联系方式（手机号、邮箱地址等）

以发送商业性信息，并通过用户点击"同意"隐私政策／个人信息保护政策获得用户的同意。否则，企业发送商业短信的行为可能侵犯用户的个人信息权益。

2. 在无明确证据证明的情况下，提供技术支持的信息公司作为短信端口提供商仍会被认定为个人信息处理者。因此，提供相关短信发送等技术服务的企业，为规避相关个人信息处理法律风险，应当与合作方签订合作协议明确合作内容及个人信息收集、处理责任承担等。

074 个人信息的处理应与授权范围保持一致

——朱某某诉北京某网讯科技有限公司 Cookie 隐私案[*]

（一）裁判要旨

国家保护能够识别公民个人身份和涉及公民个人隐私的电子信息；网络精准广告中利用 Cookie 技术收集、利用的匿名网络浏览偏好信息虽具有隐私属性，但不能与网络用户个人身份对应识别，网络服务提供者和社会公众无法确定该偏好信息的归属主体，不符合个人隐私和个人信息的"可识别性"要求，因而该行为不构成侵犯隐私权。

（二）案情简介

北京某网讯科技有限公司（以下简称某公司）系提供网页检索、相关搜索等网络搜索服务的提供商。2014 年年初，朱某某在上网浏览相关网站过程中，发现利用某公司搜索引擎搜索相关关键词后，就会在某公司网络联盟的特定的网站上出现与关键词相关的广告。朱某某主张，某公司未经其知情和选择，利用网络技术记录和跟踪了朱某某所搜索的关键词，并利用记录的关键词对朱某某浏览的网页进行广告投放，侵害了其隐私权。故诉至法院，请求判令某公司立即停止侵害，赔偿精神损害抚慰金 10,000 元、公证费 1000 元。

该案经江苏省南京市鼓楼区人民法院审理后，判令某公司向朱某某赔礼道歉并赔偿朱某某公证费损失 1000 元；江苏省南京市中级人民

---

[*] 江苏省南京市中级人民法院（2014）宁民终字第 5028 号。

法院撤销一审判决，驳回朱某某的全部诉讼请求。

（三）案件分析

Cookie 是某些网站为了辨别用户身份，进行 Session 跟踪而储存在用户本地终端上的数据（通常经过加密），由用户客户端计算机暂时或永久保存的信息。某公司的个性化推荐行为是一种由大数据技术支撑的"互联网+广告"商业经营模式。

法院认为，某公司运用网络技术，收集、利用的是未能与网络用户个人身份对应识别的数据信息，该数据信息的匿名化特征不符合"个人信息"的可识别性要求。网络用户通过使用搜索引擎形成的检索关键词记录，虽然反映了网络用户的网络活动轨迹及上网偏好，具有隐私属性，但一旦与网络用户身份相分离，便无法确定具体的信息归属主体，不再属于个人信息范畴。某公司提供搜索引擎服务已进行必要的技术使用告知，对匿名信息进行收集、利用时采取明示告知和默示同意相结合的方式，不违反国家对信息行业个人信息保护的公共政策导向。

（四）数安港合规评析

2021年11月1日实施的《个人信息保护法》明确处理个人信息应当遵循合法、正当、必要和诚信原则，并对个人信息收集与利用作出相应的规定。市场主体在收集个人信息前，应当对相关法律进行学习，达到一定的认知程度。在开展收集个人信息用于商业活动时，应当以明确的方式取得个人的同意，明示收集、使用信息的目的、方式和范围。使用前尽量采用自动化决策方式获取有用信息，做到去标识化、匿名化。

三、民事诉讼之知识产权

075 真人驱动型数字形象的著作权保护
——M 信息科技有限公司与杭州某网络有限公司著作权与不正当竞争纠纷案*

（一）裁判要旨

涉案虚拟数字人 Ada，作为真人驱动型虚拟形象，其设计借鉴真人形态并通过虚拟美化展现独特美学判断，构成受《著作权法》保护的美术作品。Ada 的"表演"高度还原真人，非新创作，故真人演员为法定表演者。在职务表演情境下，表演者权可归属虚拟数字人经营者。杭州某网络有限公司未经授权，擅自修改他人创作的虚拟数字人视频中的标识信息，替换为自身商标或营销信息，此利用他人虚拟形象进行引流营销的行为，应被认定为构成虚假宣传的不正当竞争行为。

（二）案情简介

M 信息科技有限公司（以下简称 M 公司）运用多项人工智能技术打造了超写实虚拟数字人 Ada，并于 2019 年 10 月通过公开活动及 Bilibili 平台发布相关视频。此后，M 公司对 Ada 进行商业化使用。2022 年 7 月，杭州某网络有限公司通过抖音账号发布两段侵权视频，使用 M 公司发布的相关视频内容，替换片头片尾的相关标识，并添加

---

* 浙江省杭州市中级人民法院（2023）浙 01 民终 4722 号。

虚拟数字人课程营销信息及注册商标。杭州某网络有限公司的行为侵害了 M 公司美术作品、视听作品的信息网络传播权，同时侵害了录像制品及表演者的信息网络传播权，其行为可能影响消费者决策，扰乱市场秩序，损害 M 公司商业利益，构成虚假宣传的不正当竞争行为。

（三）案件分析

本案审理法院认为被告行为可能影响消费者理性决策，从而获得更多商业机会，扰乱市场竞争秩序，直接损害 M 公司的商业利益，构成虚假宣传的不正当竞争行为，判决被告消除影响并赔偿经济损失（含维权费用）12 万元。

1. 著作权与邻接权归属

本案明确了真人驱动型虚拟数字人 Ada 的创作过程中，虽然其表现融合了 AI 技术，但其美学选择和判断仍归属于创作者，即构成美术作品并受《著作权法》保护。同时，Ada 的"表演"实际为真人演员的高度还原，其表演者权依法归属于背后的真人演员，在职务表演情境下归属于其雇主 M 公司。

2. 不正当竞争行为分析

杭州某网络有限公司未经许可，擅自使用 M 公司的虚拟数字人形象进行商业宣传，替换原视频标识并添加自身商标和营销信息，构成虚假宣传。此行为不仅侵犯了 M 公司的信息网络传播权，损害了 M 公司的商业信誉和利益，还扰乱了市场竞争秩序。

（四）数安港合规评析

1. 企业在营销推广活动中，应确保所使用的内容真实合法，不得擅自篡改他人作品或标识信息，更不得利用虚假宣传手段误导消费者。

2. 真人驱动型虚拟数字人本身虽然不具有作者身份，但其背后真人的表演者权利同样受到法律保护，企业在未经授权的情况下擅自使用，仍需对权利人进行赔偿。

076 数据知识产权登记可以作为初步权属证明

——S 科技股份有限公司与 Y 科技有限公司不正当竞争纠纷案[*]

（一）裁判要旨

S 科技股份有限公司（以下简称 S 公司）凭"数据知识产权登记证"初步证明其对涉案数据集的财产性利益及合法收集。该数据集虽非商业秘密或作品，但具商业价值，属《反不正当竞争法》保护范畴。数据集若公开且具独创性，优先以汇编作品保护；否则，视情况通过《反不正当竞争法》保护。未经许可，不得传播 S 公司合法收集的数据集。开源时，须遵循开源协议，否则违反商业道德。

（二）案情简介

S 公司为专业从事人工智能领域数据服务的科技创新企业，其花费大量人力财力录制了 1505 小时普通话收集采集语音数据，拥有该数据集的知识产权、数据权益等合法权益，该数据可供企业、高校等机构用于研发语音识别等人工智能技术。S 公司通过授权第三方使用该数据，收取授权许可费用获得收益。而 Y 科技有限公司（以下简称 Y 公司）同样从事人工智能领域数据服务，其非法获取了 S 公司收集采集的语音数据集，并在官方网站向公众传播，以获取用户访问和注册。S 公司收集的数据取得了北京知识产权保护中心发放的"数据知识产权

---

[*] 北京知识产权法院（2024）京 73 民终 546 号。

登记证书",初步证明了 S 公司为数据的合法持有人,Y 公司的行为构成不正当竞争。

(三)案件分析

本案审理法院认为,在无相反证据证明情况下,S 公司提交的"数据知识产权登记证"可作为证明 S 公司享有涉案数据集相关财产性利益的初步证据,亦可作为涉案数据集收集行为或数据来源合法的初步证据。

1. 对"数据知识产权登记证"效力的分析

本案中,法院认可了"数据知识产权登记证"的初步证明效力,认为在无相反证据的情况下,该登记证可以初步证明登记人为数据集的合法持有人,有权就数据权益提出主张。

2. 对数据权益保护路径的探索

法院指出,若数据集构成著作权、专利等知识产权,则按知识产权相关法律保护;若不构成知识产权但属于商业秘密,则按《反不正当竞争法》保护;若两者均不满足,则可通过《反不正当竞争法》第 2 条进行兜底保护。

3. 对开源协议法律效力的分析

法院通过认定违反知识共享许可协议(Creative Commons license,CC 协议)构成违反数据行业习惯及商业道德,确认了开源协议的法律效力,即在 CC 协议被国内众多机构、企业及个人应用的基础上,可以视为行业应予以遵守的商业道德。侵权行为人违反 CC 协议约定,构成侵权的,应当承担相应的侵权责任。

（四）数安港合规评析

1. 企业应积极对其数据集进行知识产权登记，以获得司法初步认可和保护。

2. 企业应了解并遵守开源协议，避免违反协议约定导致侵权责任。在利用开源数据时，应明确数据的来源和许可范围，确保使用的合法性。

3. 在面临不正当竞争纠纷时，企业应积极维护自身权益，通过法律手段打击侵权行为。在此基础上，还应加强行业自律和合作，共同维护数据市场的公平竞争环境。

077 AIGC服务提供者的合规义务
——X公司与某AI公司著作权纠纷案[*]

（一）裁判要旨

某AI公司在未经著作权人许可的情况下，擅自使用他人享有权利的作品来训练其大模型，生成了与受著作权保护的奥特曼形象高度相似的图片，并通过会员充值及"算力"购买等增值服务攫取非法收益。生成式人工智能在提供创新服务的同时，亦须严格遵守《著作权法》规定，尊重原创作品的权益。

（二）案情简介

圆谷制作株式会社作为奥特曼系列的著作权人，授权X公司在中国境内独占性使用奥特曼系列形象著作权，并享有独立维权权利。而某AI公司经营的Tab（化名）网站给付费用户提供AI绘画功能。用户在该网站输入"生成奥特曼"等提示语后，Tab生成的奥特曼形象与X公司享有著作权的形象构成实质性相似。同时，Tab网站的用户协议或平台规则中未告知用户不得侵犯他人著作权，也未明确告知用户网站产生的图片由AI生成，及该AI绘画功能由第三方服务商提供。某AI公司侵犯了X公司的复制权、改编权。

（三）案件分析

该案审理法院认为某AI公司生成的图片部分保留了奥特曼作品的

[*] 广州互联网法院（2024）粤0192民初113号。

独创性表达，并此基础上形成了新的特征，侵犯了原告的复制权和改编权，判决被告停止侵害，赔偿经济损失 10,000 元（含合理开支）。

1. 著作权侵权的认定

某 AI 公司未经授权，利用其 AI 绘画功能生成与奥特曼形象高度相似的图片，这一行为侵犯了 X 公司对奥特曼作品的复制权和改编权。

2. 侵权以"接触+实质性相似"进行判断

法院对原告奥特曼形象与 Tab 平台生成物的相似性进行了严谨分析。同时，由于奥特曼形象已公开在各大视频网站，可访问、查阅及下载，因而法院推定存在接触案涉奥特曼作品的可能性。作为服务提供者，某 AI 公司未能采取有效技术措施防止侵权内容的生成，应承担相应的侵权责任。

3. 赔偿责任

本案法院开创性地将 AI 平台的注意义务与著作权侵权的主观故意相联系。若某 AI 公司平台履行了建立举报机制、提示潜在风险等注意义务，则在侵权认定时可以免予承担赔偿责任。

（四）数安港合规评析

1. 企业对于 AI 平台内可能存在的侵权应尽到合理注意义务，并应履行相应的侵权通知及采取必要措施制止侵权的义务。否则，企业可能就其明知、应知侵权而未采取必要措施，而与用户承担连带责任。

2. AI 算法模型开发者在输入阶段可能有必要遵循进一步拓宽的防止侵犯著作权的注意义务，包括但不限于：（1）设置语料及生成内容的知识产权负责人，并建立知识产权管理策略；（2）建立对语料中的主要知识产权侵权风险进行识别的机制等。

078 独创性期刊引证报告数据库受著作权保护

——上海 M 医药科技有限公司与 K 信息服务（北京）有限公司侵害作品信息网络传播权纠纷案[*]

（一）裁判要旨

涉案引用数据系按特定公式计算而出，其本身虽不构成作品，但对于哪些数据进行统计评价不同制作者会有其个性化的选择、编排。因此，JCR 期刊引证报告制作者基于其分析判断就每份期刊所选择、编排的引用数据评价指标体系具有独创性。而 JCR 期刊引证报告数据库系 1.1 万余册期刊引证报告的集合，该数据库是经过专业的学术团队进行调研与学术价值分析后从大量期刊中选择而得，因此该数据库对于期刊的选择亦体现了制作者的智力创造，属于汇编作品。

（二）案情简介

N 公司系 Clarivate Analytics 旗下多个子数据库的著作权人，包括 Web of Science、InCites 及 IF 影响因子数据等，并授权 K 信息服务（北京）有限公司（以下简称 K 公司）在指定区域内使用其产品的一切知识产权及维权权利。K 公司发现上海 M 医药科技有限公司（以下简称 M 公司）在其官网及 App 中未经授权提供了 JCR 期刊引证报告数据库中的 IF 影响因子数据链接。用户点击链接后，可查看每本期刊的 IF 影响因子数据。审理中，随机挑选数据库中的 5 本期刊进行查询，均出现有 IF 影响因子数据的链接。"IF 影响因子"数据库构成著作权法

---

[*] 上海知识产权法院（2020）沪 73 民终 531 号。

上的汇编作品，对于擅自使用数据库中对数据选择或编排的独创性表达的行为认定构成著作权侵权。

（三）案件分析

1. 对著作权归属分析

法院根据域名注册、商标注册及授权合同等证据，认定 N 公司为 JCR 期刊引证报告数据库的著作权人，指出在无相反证据的情况下，应推定 N 公司为著作权人。

2. 对"独创性"分析

每本期刊的引用数据系按特定公式计算而出，其本身虽不构成作品，但对于哪些数据进行统计评价不同制作者会有其个性化的选择、编排。因此，JCR 期刊引证报告制作者基于其分析判断就每份期刊所选择、编排的引用数据评价指标体系具有独创性。

3. 对链接行为的侵权性质分析

M 公司虽未直接提供数据，但通过提供侵权网站的链接，使公众能够访问并获取 IF 影响因子数据，其行为构成帮助侵权。法院认为 M 公司未尽到合理审慎的注意义务。

（四）数安港合规评析

1. 尊重数据库著作权。企业在使用他人创作的数据库或类似作品时，若使用选择或编排上的独创性表达的行为，易构成对该数据库著作权的侵害。

2. 谨慎审查外链内容。在提供链接服务时，企业应谨慎审查链接指向的内容是否合法、是否获得授权，避免因提供侵权链接而承担连带侵权责任。

四、民事诉讼之反垄断与反不正当竞争

079 网络爬虫抓取非公开数据正当性的界限
——湖南 Y 公司不正当竞争纠纷案 *

（一）裁判要旨

案例焦点为互联网平台数据不正当竞争与垄断问题，旨在探究数据权益保护以及数据抓取行为的合法性边界。针对反垄断问题，法院认为，"微博平台只是数据分析来源的渠道之一，Y 公司称 W 公司利用微博平台的垄断地位控制相关市场，阻碍了信息自由流通缺乏事实依据。即便 Y 公司提交的文章或报告中提及微博平台市场占有率较高系真实，W 公司是否在微博市场中处于垄断地位并实施了垄断行为，亦非本案所处理之争议，本院对此不予评价"。针对反不正当竞争问题，即使双方不存在直接竞争关系，若一方的行为导致另一方的经营利益受损，仍构成不正当竞争。并且，法院区分"公开数据"和"非公开数据"，未经许可抓取、存储、展示和分析另一平台的后端数据，尤其是涉及改变数据原始展示规则和获取非公开数据的行为，可能构成不正当竞争。此外，法院强调数据来源的合法性，并确认数据所有者的合法权益，以及运营平台和维护数据安全而产生的成本控制及其基于所享有权益的数据进行衍生性利用或开发所获得的经营利益等。

---

* 广东省高级人民法院（2022）粤民终 4541 号。

（二）案情简介

北京 W 公司是新浪微博平台的运营者，指控 Y 公司通过其运营的网页版鹰击系统和安卓手机端鹰击应用，非法抓取、存储、展示并利用新浪微博平台的后端数据，构成不正当竞争。W 公司主张 Y 公司未经许可抓取并使用数据的行为损害了其合法权益，认为其构成垄断与不正当竞争，要求 Y 公司停止侵权、消除影响并赔偿损失。Y 公司辩称双方不存在竞争关系，其行为未构成不正当竞争。法院认为，Y 公司的数据垄断行为缺乏事实依据，判定其构成不正当竞争。

（三）案件分析

法院经审理认为，W 公司基于微博平台数据开展的服务与 Y 公司服务存在潜在竞争，Y 公司的行为违反了《反不正当竞争法》的相关规定。判决 Y 公司立即停止不正当竞争行为，消除影响，赔偿 W 公司经济损失 500 万元及合理开支 28 万元。具体分析如下。

1. 关于是否构成竞争关系的分析

本案中，法院判决构成竞争关系。即使双方业务不同，但如果一方行为剥夺或降低了另一方在相同市场中的交易机会，影响其可能获得的收益，二者仍构成竞争关系。

2. 关于是否构成不正当竞争行为的分析

Y 公司未经授权抓取非公开数据的行为，损害了 W 公司的利益，构成不正当竞争。

3. 关于是否损害 W 公司的合法权益的分析

W 公司在本案中就微博平台数据所主张的权益，除其对数据本身所享有的权益之外，还包括运营微博平台，维护数据安全而产生的成本控制，及其基于所享有权益的数据进行衍生性利用或开发所获的经营利益等。W公司未经授权抓取和使用未经授权的非公开数据的行为，损害了W公司的合法权益。

（四）数安港合规评析

1. 法院判决表明，数据垄断问题未必需要通过《反垄断法》解决，《反不正当竞争法》亦能有效规制不当的数据抓取与使用行为，为企业提供法律保护。平台数据可能被其他企业抓取，表明平台无法在物理或法律上完全垄断数据。同时，平台数据所有权目前尚未被国家正式承认，平台由此也无法在法律上垄断这些数据，而且这些数据也可以被其他企业从其他渠道获得。

2. 但这并不意味着数据可随意获取，其他企业的数据抓取与使用行为仍可能侵犯平台的数据权益，构成不正当竞争。因此，运营平台的企业应该明确声明数据保护的范围，限制不合理的数据抓取与使用行为。

3. 运营平台的企业应该明确数据类型（公开与非公开数据等），明确数据使用协议，并采取适当的技术措施保护平台数据，定期监控侵权行为，保护平台用户的数据权益。

综上所述，针对数据权益问题，法院目前尚不认可平台利用垄断地位控制相关市场的情形，多是主张构成不正当竞争。因此，目前适用《反垄断法》规制不法行为较难，建议企业适用《反不正当竞争法》维护自身的权利。同时，也鼓励企业合法合规地抓取与使用互联网数据，不要侵害他人的数据合法权益。

080 网络爬虫抓取短视频、用户评论的合法性
——某短视频平台短视频抓取案[*]

（一）裁判要旨

本案例重点关注短视频平台数据的法律保护边界，强调了平台数据的商业价值和合法获取途径。裁判明确了短视频内容和用户评论等数据是平台通过合法商业经营获得的，受到《反不正当竞争法》的保护。同时，判决确认了平台运营商在未获得授权的情况下抓取并使用其他平台的短视频内容和评论数据，构成不正当竞争行为。

（二）案情简介

W公司指控C公司未经许可在W公司运营的某短视频App中，通过技术手段获取并使用了大量来自W公司运营的某短视频App的短视频内容和用户评论。W公司认为C公司的行为已构成不正当竞争，要求其停止侵权行为并赔偿经济损失。

（三）案件分析

1.W公司是否享有《反不正当竞争法》保护的合法权益

W公司作为某短视频App的运营者，投入资源吸引用户创作和发布内容，积累了大量短视频、用户注册信息、用户评论，这些数据构成了W公司的商业资产，享有合法权益。并且，W公司就某短视频

---

[*] 浙江省杭州市中级人民法院（2020）浙01民终4847号。

平台的积累和维护进行了实质性投入，对短视频整体享有重要的经营利益。

2. 被诉行为是否构成不正当竞争行为

C 公司未经许可，通过技术手段获取并使用了某短视频 App 中的短视频内容和用户评论，这种行为手段不具有适当性、必要性，会阻碍网络短视频行业发展，破坏竞争秩序，损害了 W 公司的合法权益，最终会损害消费者福利，构成不正当竞争。

3. C 公司所应承担的法律责任

C 公司须承担停止侵权行为、消除影响以及赔偿损失的法律责任。

（四）数安港合规评析

1. 平台（企业）应明确保护用户的数据权益，包括用户的注册信息、用户评论以及上传的其他数据信息等。

2. 平台（企业）应当在服务协议中明确用户授权使用条款及自身数据权益范围，从而划定自身的权利区间。

3. 平台（企业）防止未经授权的违法抓取和使用，采取明确的措施保护用户的数据权利。

综上所述，在数字经济时代，企业保护数据权益和遵守数据合规至关重要，企业应当重视用户与自身数据权益，坚定维护自身的合法权益。

081 网络爬虫抓取微博、评论、用户互关数据的合法性
——J公司抓取售卖微博数据案*

（一）裁判要旨

iDataAPI网站直接"转卖"新浪微博数据获利的行为，没有为数据市场供给创新的产品或服务，只有自身获益，其严重损害其他经营者和消费者的合法权益，甚至可能产生较大的数据安全风险，有损社会公共利益，不符合关于合理保护数据处理者对依法依规持有的数据进行自主管控的权益的数据市场商业道德，构成不正当竞争行为。

（二）案情简介

J公司系iDataAPI网站的运营者。iDataAPI网站提供11项新浪微博付费API数据接口，用户可以通过iDataAPI网站获取新浪微博中的用户账号所发布的微博、评论、用户关注的以及关注该用户的其他用户及相关数据、关键词搜索结果相关数据、头条文章内容数据等各项微博数据。J公司还根据特定客户的需求提供新浪微博数据的抓取定制服务。同时，J公司还将"微博API"作为百度竞价排名搜索关键词，并在iDataAPI网站上使用"新浪微博"和微博图标标识。

某创科网络技术有限公司以J公司不正当竞争为由，向一审法院起诉请求J公司立即停止并删除抓取、存储、展示、售卖新浪微博数据的行为，立即停止以"微博API"关键词进行百度搜索竞价排名商业推

---

* 北京市海淀区人民法院（2018）京0108民初28643号。

广，在其运营的 iDataAPI 网站首页、iDataAPI 微信公众号和《中国市场监管报》的显著位置连续 30 天刊登声明以消除影响，并赔偿经济损失 2000 万元以及合理支出 50 万元。

一审法院及二审法院均认定 J 公司构成不正当竞争，判决 J 公司赔偿某创科网络技术有限公司经济损失 2000 万元及维权合理费用。

（三）案件分析

本案是广东省高级人民法院发布的"2023 年度全省法院十大典型案例"之一，也是最高人民法院发布的"2023 年中国法院 10 大知识产权案件"之一，系非法抓取数据予以交易转卖的典型案件。

1. 数据抓取、存储、售卖三种行为的一体性评价

J 公司存在对新浪微博数据的抓取、存储、售卖三种行为，二审法院没有予以分别评判，而是认为抓取数据是为了售卖数据，前者是后者的手段，后者是前者的目的，存储则是衔接前后的中间环节，因而将其视为整体予以一体性评价。

2. 平台对平台内的数据权益享有竞争性权益

法院在本案中确认了平台对平台内的数据权益享有竞争性权益。平台中用户使用数据、平台服务数据等数据都产生于平台投入大量资金、技术、劳动等成本的基础之上，也是平台的持续与长期投入才使这些数据能够进一步聚集和传播，进而形成流量等竞争优势。因此，《反不正当竞争法》保护平台作为数据产生经济价值的主要贡献者的竞争性权益。

但需要注意的是，这种竞争性权益不是对数据资源的绝对的排他的专有权，仅能排除其他主体对数据的不正当竞争行为而非全部竞争

行为。

3. 数据使用行为是否构成不正当竞争需要综合分析其对特定行业的市场竞争整体效益

二审法院提出认定是否构成反不正当竞争的思路，即基于当前政策、法律、行业背景，分析评判行为对特定行业的市场竞争整体效益如何。法院没有单纯依据新浪微博的使用协议，而是综合考察了数据来源者、数据处理者、数据需求者以及消费者、社会公众等多方主体的利益情况，最终认定被告行为扰乱了数据市场竞争秩序。

（四）数安港合规评析

1.对于数据持有者而言，应当注意对自身数据权益的保护，如完善服务协议、添加反爬虫等技术保护措施。

但也需要注意，在促进数据要素流通、发挥数据要素价值的政策背景下，数据持有者也不应当过度限制对自身所持有数据的开发，"躺在数据上睡觉"，否则亦可能产生"数据孤岛"等不利于市场良性竞争与经济发展的效果，从而影响其他主体对自身数据进行开发利用是否构成不正当竞争行为的认定。

2.对于非数据持有者的数据处理者而言，应当注意数据来源的合法合规性，尽量避免出现违反数据持有者所采取的自主管控措施。此外，对于数据的利用应当融入自身的创新创造，避免出现直接"转卖"等技术含量较低的情况，为数据市场供给创新的产品或服务，尽可能有利于社会总体福祉的增加，进而降低违反数据市场商业道德、构成不正当竞争行为的可能性。

082 以商业营利为目的"分时租赁"视频VIP会员账号的侵权责任

——T网络科技有限公司视频账号分时租赁案*

（一）裁判要旨

本案法院指出"分时租赁"账号行为，并非《反不正当竞争法》具体列举的不正当竞争行为，但属于《反不正当竞争法》第2条规定的不正当竞争行为。法院强调对数字平台会员服务模式的法律保护，指出T公司以商业营利为目的，未经许可分时出租平台会员账号（VIP账号指向的海量视频内容属于企业数据范畴）的行为，会导致平台运营成本增加，平台正常运营秩序被破坏，违反了企业数据领域的商业道德，属于《反不正当竞争法》第2条规定的不正当竞争行为。

（二）案情简介

某讯科技（北京）有限公司（以下简称某讯公司）指控惠州市T网络科技有限公司（以下简称T公司）通过其运营的"寻租网"和微信公众号，提供并售卖腾讯视频VIP账号的"分时租赁"服务，即以较低的价格将腾讯视频VIP会员账号分时段出租给用户。该行为严重影响了腾讯视频VIP会员服务的经营秩序，超越了某讯公司授权的行为，违反了企业数据领域的商业道德，损害了某讯公司的商业利益和用户数据安全，构成不正当竞争。

---

* 浙江省高级人民法院（2023）浙民终1126号。

（三）案件分析

1. 是否构成不正当竞争

T公司"分时租赁"账号行为，并非《反不正当竞争法》具体列举的不正当竞争行为，但属于《反不正当竞争法》第2条规定的不正当竞争行为，T公司未经许可的"分时租赁"行为破坏了腾讯公司的正常经营秩序，使用户账号密码置于不确定的风险中，增加了用户数据泄露的风险，违反了《反不正当竞争法》第2条规定的"商业道德"。

2. 是否违反企业数据范畴的商业道德

法院认定腾讯视频VIP账号指向的海量视频内容属于企业数据，T公司以商业营利为目的，以非腾讯官方或授权途径获得腾讯视频VIP账号，并在其网站及公众号分时出租腾讯视频VIP账号的行为，显属超越某讯公司授权的行为，违反了企业数据领域的商业道德。

3. 法律责任

T公司被判决立即停止不正当竞争行为，发布声明消除影响，并赔偿某讯公司经济损失及合理开支。

（四）数安港合规评析

1. 平台（企业）使应当通过合法合规的渠道获得用户数据，并应当通过各种合理手段来维护用户的数据安全，防止用户数据被其他企业或者个人不合理地使用，包括设立用户数据分级分类制度以及加强用户的隐私保护机制。

2. 平台（企业）应当合理管理和监控用户的账号信息、注册信息及其他个人隐私等，防止用户信息被不合理地用于非法牟利，如本案中的"分时租赁"账号行为，严重损害了平台企业与用户的数据权益。

3. 平台（企业）应当建立自身的数据保护系统，建立更及时的异常数据账号的反馈渠道，优化异常数据账号的反馈机制，及时发现异常的数据使用情况，防止损失的扩大。

083 企业信息查询服务平台的注意义务
——苏州某网络科技有限公司、浙江某小微金融服务集团股份有限公司商业诋毁纠纷案[*]

(一)裁判要旨

某查查平台与某微贷公司处于同一数据生态体系内,存在竞争关系。某查查平台在对清算信息的推送和发布中对新增/变更信息的设置存在误导性,未对敏感信息建立差别化的技术处理原则,事后并未采取积极有效的措施挽回影响,在商业信誉、产品声誉以及社会评价方面对某微贷公司产生极大的负面影响。因此,某查查平台的行为破坏了平等公平的市场竞争秩序,也损害了其他经营者和消费者的合法权益,有悖于诚实信用原则和公认的商业道德,具有不正当性。

(二)案情简介

某查查是一个企业信息查询服务平台,提供企业工商信息、法律诉讼、经营风险等数据。某查查平台技术人员发现存在历史清算信息抓取疏漏的问题,因而对自身数据库进行了更新,并在平台发布、向订阅用户推送。2019年5月5日,某查查向其VIP用户推送了关于某微贷公司的清算信息更新;同日,某查查通过邮件向用户发送了名为"某查查—监控日报—2019.05.06"的邮件,其中包含了某微贷公司清算信息变更的内容。

---

[*] 北京知识产权法院(2021)京73民终1011号。

尽管某微贷公司开展清算发生在 2014 年，但由于某查查平台推送的清算信息未写明清算发生的真实时间，加上某查查平台的影响力，引发了媒体和社会公众的广泛关注，某微贷多次发布官方声明进行辟谣。但某小微金融服务集团股份有限公司、某微贷公司通过发送律师函的方式要求某查查纠正后，某查查仅删除相关推送；在法院发布诉前禁令要求某网络科技公司发布澄清公告后，某查查平台针对此次事件发布的说明没有针对某微贷公司清算信息是历史信息且推送内容不完整的问题予以纠正，未起到澄清事实的作用，反而引发媒体新一轮的关注和报道。

一审及二审法院均认定某查查构成不正当竞争，要求某查查赔偿损失，并在平台首页置顶位置、新浪官方微博账号、《法制日报》上刊登声明以消除影响。

（三）案件分析

企业在处理和发布信息时应当履行基本的注意义务，尤其是对于可能影响其他主体信誉和市场秩序的敏感信息，否则可能需要为自身的不当行为承担法律责任。

1. 对"竞争关系"的认定

法院提出认定竞争关系应聚焦"竞争性利益"的保护。法院认为，竞争关系包括直接竞争关系与间接竞争关系，认定不正当竞争行为并不局限于经营者之间存在直接的竞争关系或处于同一行业。某查查作为平台经营者，与某微贷公司同处于某查查平台构建的数据生态系统中，由某查查所维护的数据的质量将直接影响某微贷公司这一数据原始主体的竞争性权益，因而双方存在竞争关系。

2. 互联网征信企业在信息采集与发布中负有基本的注意义务

本案确立了互联网征信企业负有基本的注意义务及数据利用的基本原则。法院提出，为充分挖掘数据价值、保证数据行业的持续健康发展，不宜对互联网征信企业科以过重的注意义务；但基于兼顾数据原始主体、数据提供者、数据消费者的合法权益的需要，互联网征信企业在从事企业信用信息的收集和发布活动中仍负有基本的注意义务，坚持数据来源合法、注重信息时效、保障信息质量、敏感信息校验等数据利用的基本原则。

（四）数安港合规评析

1. 在数据采集与处理过程中注意遵循数据利用的基本原则。法院在本案中提出了坚持数据来源合法、注重信息时效、保障信息质量、敏感信息校验的基本原则。2021年颁布并施行的《个人信息保护法》亦确立了处理个人信息的合法原则、数据质量保证原则和对个人信息主体的更正补充权、敏感个人信息的特殊保护等。

因此企业在处理包括个人信息在内的数据时，应当注意遵循《个人信息保护法》及上述基本原则；开展数据分类分级，适用差异化的处理要求，对可能对数据原始主体产生较大影响、关乎其重要权益的数据采取复核确认、交叉验证等特殊措施，以确保数据真实准确。

2. 建立完善各类数据安全事件应对机制。本案中，导致某查查平台最终被判定需要承担赔偿责任的一大原因，是发布具有误导性的消息后，某查查平台没有采取积极有效的措施挽回影响，甚至在法院发出诉前禁令后依然没有对相关事实予以全面澄清且造成了进一步的不利影响。因而无法证明自身提供了及时、有效的纠错，并被认定为存在主观过错。

因此，企业应当建立健全数据使用全流程的风险防范并及时应对。一方面，注意数据采集阶段与数据使用阶段的合法性、真实性、准确性、安全性，尽可能降低发生各类数据安全事件的风险。另一方面，也要完善问题发生后的应对机制，及时采取措施防止事件进一步扩大，积极主动地与可能受到影响的各方沟通协商，以将损失控制在最小范围。

084 教育行业公开数据加工形成的数据权益保护
——亿某慧达教育科技（北京）有限公司等不正当竞争纠纷案[*]

（一）裁判要旨

A公司投入大量的劳动，形成"662所高校毕业十年就业薪酬数据及662所高校就业行业数据"，向用户付费出售，已构成重要的经营资源，A公司享有竞争性权益。被告未经许可，销售、使用涉案数据，并将其作为自身产品对外宣传，获取竞争优势，不仅损害了A公司对涉案数据享有的竞争利益，也在长远尺度上降低大数据行业研发者进行技术创新和投入的积极性，破坏了竞争秩序。

（二）案情简介

A公司运营有完美志愿平台，提供"662所高校毕业十年就业薪酬数据及662所高校就业行业数据"的付费查询功能。这些数据是A公司在使用网络爬虫技术从互联网中获取的原始数据的基础上，通过数据清洗、别名识别等技术进行信息标准化转化，并应用计量经济学和信息经济学模型等技术手段进行系统开发和整合所形成的。

学某思公司运营高考派网站、高考派App（苹果版和安卓版），好某来公司运营"好某来高考派"微信公众号，亿某慧达教育科技（北京）有限公司（以下简称亿某公司）运营高考帮App（苹果版和安卓

---

[*] 广州知识产权法院（2021）粤73民终4453号。

版），这些平台均提供付费查阅与 A 公司"662 所高校毕业十年就业薪酬数据及 662 所高校就业行业数据"高度相似的数据。

A 公司就上述行为提起诉讼。一审与二审法院均认定学某思公司、好某来公司、亿某公司的被诉行为构成不正当竞争。

（三）案件分析

1. 衍生数据之数据权益

北京知识产权法院确认了"662 所高校毕业十年就业薪酬数据及 662 所高校就业行业数据"这一衍生数据的数据权益。法院基于数据内容等多方面因素认定"662 所高校毕业十年就业薪酬数据及 662 所高校就业行业数据"这一衍生数据是 A 公司通过投入智力劳动所形成的大数据产品，不含有个人信息，向消费者有偿提供，也具有一定的知名度和影响力，构成其重要的经营资源。因而 A 公司对这一衍生数据享有竞争性利益。

2. 是否构成不正当竞争行为的综合分析

北京知识产权法院在判决中综合考虑被告对该数据的使用行为是否具有"搭便车""不劳而获"的主观恶意、是否损害了 A 公司和消费者的合法权益、是否破坏了市场竞争秩序、是否违背了诚实信用原则和公认的商业道德等多方面因素，以判断被告的行为是否构成不正当竞争。

（四）数安港合规评析

企业在开发与保护衍生数据时应当注意以下几个方面的问题。

1. 注意数据来源的合法性。本案中，被告将原告无权使用相关原始数据作为抗辩理由之一，法院在认定衍生数据权益时亦提及没有证据证明原始数据系非法获取。鉴于衍生数据依托原始数据而生，企业在采集原始数据时应当注意尽可能保证原始数据的合法性，避免影响后续数据权益的认定。

2. 注重数据产品的开发创新。法院亦在判决中将"662所高校毕业十年就业薪酬数据及662所高校就业行业数据"无法通过对网络原始数据的简单处理得出、不同且独立于原始数据作为认定数据权益的重要因素。因此，企业在进行数据产品开发利用时应注重采取创新，使其成为区别于原始数据的有价值的新数据。

3. 注意留存证据。因缺少相关证据证明，本案一审、二审均未全额支持A公司所提出的索赔请求。企业应当注意留存数据产品开发利用过程中所投入的各项成本，以便在发生侵权案件时向法院提供有力证据以全面弥补自身损失。

085 电商平台商品数据集合的数据权益保护
——衡某公司、鲸某公司等不正当竞争纠纷案*

（一）裁判要旨

店铺搬家软件提供未经许可进行商品信息、店铺信息轻松搬家的功能，突破了电商平台所设置的技术措施，使其他平台及商家可轻易对天猫、淘宝平台及商家实现实质性替代，攫取了不应获得的流量收益和交易机会，天猫、淘宝平台的核心竞争优势被人为掠夺，破坏了其良性经营生态。不正常的流量也影响服务器访问效率，加重服务器计算成本，具有主观侵权故意，构成不正当竞争。

（二）案情简介

衡某公司、鲸某公司在拼多多平台提供需要付费使用的"上货专家"软件、"搬家大师"软件，包含一键上货、自动图片搬家、一键搬家、整店搬家、支持批量修改宝贝信息等功能，可以轻易地将天猫、淘宝平台上的各项商品信息、店铺信息搬运至拼多多平台。这些软件仅在使用界面以较小的字体显示"禁止未经允许复制他人商品使用者请获取授权后再进行商品复制"等类似表述，除此之外并未设置授权验证机制。整店搬家、全店复制功能也仅限于天猫、淘宝平台。

天猫、淘宝就上述行为提起诉讼。一审与二审法院均认定衡某公司、鲸某公司的被诉行为构成不正当竞争。

---

* 北京市知识产权法院（2022）京73民终1154号。

（三）案件分析

1. 电商平台对于整体商品数据享有竞争法意义上的合法权益

法院认定电商平台对平台中的整体商品数据享有竞争法意义上的合法权益。天某公司通过与平台商家签署服务协议的方式获得了采集、存储并在一定范围内使用涉案商品数据的授权；也在存储、管理、设置 Robots 协议和设置防爬验证机制等方面为涉案商品数据的收集、存储、维护、管理和保护投入了大量的成本。这些数据规模化后所形成的数据集合具有超出原始信息内容的增量价值，能够吸引消费者流量，使入驻商家进一步增多，形成良性循环的电子商务生态。这些数据的商业性公开并不意味着必然处于自由流通的范畴。因此，天猫、淘宝作为电商平台对涉案整体商品数据集合享有竞争性合法权益。当然，这种权益不影响商家基于原始信息主张相应权利。

2. 店铺搬家软件对电商平台商品数据的使用构成不正当竞争

店铺搬家软件突破了天猫、淘宝所设置的反数据爬取及验证机制的技术措施，侵害其数据资源持有权益。这种行为使天猫、淘宝长期的经营积累和投入所形成的独特竞争优势，被其他电商平台及其他平台内商家以"搭便车"的形式攫取，威胁了天猫、淘宝平台本应获得的流量收益和交易机会，获得不当优势，由此会引发消费者黏性降低、商家及品牌迁移、消费者进一步流失的恶性循环，将导致基于整体数据资源建构的良性经营生态被逐渐瓦解。此外，店铺搬家软件以较小字体对用户进行了授权提醒，说明其明知未经授权跨平台复制商品数据并不正当，但未设置任何授权验证或过滤机制，具有主观上的侵权故意。

（四）数安港合规评析

对于平台经营者而言，需要注意以下几个方面。

1. 应当注意通过与平台中主体签订服务协议等形式获得关于使用相关数据的授权，确保自身数据使用合法合规。

2. 注意设置 Robots 协议、反数据爬取、验证机制等技术措施，以规范平台数据的使用。

3. 应当做好风险使用情况监测与相关证明材料留存，及时采取措施维护自身权益，以免出现平台生态体系受到破坏的不良后果。

086 利用外挂技术"搭便车"获取平台信息的不当性

——深圳市某讯计算机系统有限公司、某讯科技(深圳)有限公司与浙江S网络技术有限公司、杭州J科技有限公司不正当竞争纠纷案*

(一)裁判要旨

浙江S网络技术有限公司(以下简称S公司)与杭州J科技有限公司(以下简称J公司)的行为,突破了微信产品功能设置,干扰了用户体验,异化了微信社交平台的基本功能,且影响了微信中的数据安全,擅自存储或使用微信用户信息,超出了用户对自身信息安全保护的预期,威胁到微信平台的安全运行。此行为属于《反不正当竞争法》第12条规定的"妨碍、破坏其他经营者合法提供的网络产品或者服务正常运行的行为",构成不正当竞争。

(二)案情简介

深圳市某讯计算机系统有限公司与某讯科技(深圳)有限公司共同开发运营微信产品。S公司与J公司开发运营"某群控软件",通过外挂技术将软件功能模块嵌套于微信产品中,利用微信用户数据为购买服务的用户在微信平台开展商业活动提供帮助。该软件能实现自动化、批量化操作微信,如自动点赞朋友圈、群发消息等,并监测、抓取微信用户账号信息、好友关系链信息及用户操作信息,存储于其服

---

* 浙江省杭州市中级人民法院(2020)浙01民终5889号。

务器。S 公司与 J 公司的行为妨碍了微信平台的正常运行，损害了某讯公司对微信数据享有的数据权益，构成不正当竞争行为。

（三）案件分析

该案审理法院认为，二被告的行为妨碍、破坏了二原告合法提供的网络产品与服务的正常运行，危及微信产品数据安全，构成不正当竞争，判决被告停止侵害、消除影响，赔偿原告经济损失及合理费用共计 260 万元。

1. 数据权益归属

法院区分了单一原始数据和数据资源整体，认为网络平台对前者享有有限使用权，须遵守"合法、必要、征得用户同意"原则；后者则因原告长期经营积累享有竞争性权益，网络平台擅自规模化、破坏性使用后者构成不正当竞争。

2. 行为不正当性

法院认定二被告的行为损害了微信产品的整体效能与多数用户体验，不具有正当性。同时，二被告的行为导致用户对微信产品安全感下降，损害了原告的竞争权益。

3. 隐私权责任

国家保护能够识别公民个人身份和涉及公民个人隐私的电子信息，利用 Cookie 技术收集、利用的匿名网络浏览偏好信息虽具有隐私属性，但不能与网民个人身份对应识别，不符合个人隐私和个人信息的"可识别性"要求，因而该行为不构成侵犯隐私权。

（四）数安港合规评析

1. 企业应清晰界定自身享有的数据权益范围，区分单一原始数据与数据资源整体，并制定相应的使用和管理策略。

2. 网络经济是共生经济，其价值既体现在传统经济的"自愿、信用、公平"方面，更体现在"开放、共享、效率"等新内容上。网络企业所掌握的数据资源更多地具有开放性与共享性，其他经营者在合理利用微信产品基础上通过自己的创新劳动开发出新的软件产品且能够给予用户全新体验的竞争行为，一般不会被判定为不正当竞争。

087 经加工的投诉信息数据集的数据权益保护

——北京 A 品牌管理咨询有限公司与北京 C 信息技术有限公司不正当竞争纠纷案 *

（一）裁判要旨

北京 C 信息技术有限公司（以下简称 C 公司）收集并加工用户对各品牌汽车投诉信息的行为不仅涉及数据收集，更包含对信息的深度加工整理。基于此，其因用户数据获得的竞争优势应受法律保护。北京 A 品牌管理咨询有限公司（以下简称 A 公司）作为同业竞争者，复制并挪用 C 公司数据，并将其作为自身经营资源展示使用。此行为不仅给 C 公司造成经济损失，还误导消费者和企业以为 A 公司具有相应的市场力量和经营能力，进而有可能与其发生经营活动，是一种扰乱市场竞争秩序的行为。因此，该行为构成不正当竞争。

（二）案情简介

A 公司与 C 公司均涉足汽车投诉咨询业务，均为依靠收集投诉信息、协调车企解决投诉问题进而直接或间接获取收益。因此，相关用户投诉信息是双方该类商业模式得以实现营利的基础，也是双方竞争的关键资源。A 公司运营的"汽车门网"网站，复制并搬运了 C 公司中的 5 万余条投诉信息，在其网站上展示，并将历史信息作为新投诉发布，虚构处理进展和结果。C 公司的用户投诉信息虽然来自消费者，

---

* 北京知识产权法院（2022）京 73 民终 3718 号。

但经过 C 公司的加工编辑整理，形成了格式规范、内容清晰的投诉信息数据集合，C 公司为其付出了相应劳动和经济投入，使其成为脱离于单个原始投诉信息的数据集，能够为其带来经营利益，这种合法商业模式和经营资源应当受到法律保护。

（三）案件分析

该案审理法院认为，被告 A 公司混淆真实投诉渠道、扰乱市场竞争秩序的行为构成不正当竞争，判决被告停止不正当竞争行为、刊登声明、消除影响，赔偿原告经济损失 975,830 元、其他费用 74,170 元。

1. 对"非法获取与加工信息"的分析

法院认定 C 公司的信息处理流程复杂，包含审核、编辑、整理等多环节，具有经济价值，是合法竞争资源。A 公司通过复制、搬运 C 公司投入大量成本加工整理后的投诉信息，未经授权即据为己有，属非法获取行为。

2. 对"不正当竞争行为"的分析

A 公司违背诚信原则，利用他人劳动成果作为自身经营资源，不仅造成 C 公司直接经济损失，还误导消费者和车企，破坏市场公平竞争秩序。其行为符合《反不正当竞争法》第 2 条、第 8 条关于不正当竞争行为的定义。

3. 对"证据与责任认定"的分析

A 公司不能对其网站出现如此大量与 C 公司投诉信息相同或实质相似的信息作出合理解释，亦无证据支持同一位用户多平台投诉的主张，如此多达 5 万余条相同信息难谓巧合。法院结合双方投诉信息的相似性、发布时间顺序及格式错误等细节，依据高度盖然性原则认定

A公司复制、搬运事实成立。

（四）数安港合规评析

1. 企业付出人力、财力、物力和时间等经营成本，对所收集的数据进行加工整理产生的信息数据，也是一种合法的竞争资源。

2. 企业在网站上展示的反映自身经营资源的数据信息应该保证真实，虚构数据信息在自己的网站上进行展示，误导其他市场主体对其经营资源产生误解，扰乱了市场竞争秩序，违背了诚信原则。

088 误导用户上传微信公众平台账号与密码的法律责任
——深圳市某讯计算机系统有限公司诉广州市某信息科技有限公司不正当竞争纠纷案[*]

（一）裁判要旨

本案例指出了数据保护在不正当竞争案件中的重要性，尤其关注数据的收集、使用以及数据安全问题。法院判决明确指出，未经许可获取并保存用户在微信公众平台账号和密码（尤其是通过误导用户上传相关信息）的行为，构成不正当竞争。商业活动中对用户数据的不当获取和使用，应视为对其他经营者合法提供的网络产品或服务正常运行的妨碍。并且，该行为也会对用户个人信息安全构成威胁。

（二）案情简介

深圳市某讯计算机系统有限公司（以下简称某讯公司）作为微信公众号平台的合法运营商，负责管理和维护该平台用户的账号与密码信息。广州市某信息科技有限公司（以下简称某公司）作为"公众号助手"应用软件的开发者，在其软件安装包下载流程中，擅自将微信公众号平台用户的账号、密码提交至其公司服务器，此行为涉嫌非法数据抓取。甚至某公司通过使用与某讯公司近似的商标、软件名称及宣传语，误导用户下载其软件，下载次数高达2623.89万次。此行为不仅非法吸引了大量流量，还严重破坏了某讯公司微信公众号平台的正

---

[*] 广州知识产权法院（2021）粤73民终4453号。

常运营秩序，危及用户数据安全。某讯公司因此遭受了重大经济损失，并面临用户信任危机的潜在风险，遂向法院提起诉讼，要求某公司立即停止其私自收集微信公众号用户数据的行为，并索赔经济损失500万元。经广州互联网法院一审及广州知识产权法院二审审理，均认定某公司的行为构成破坏其他经营者合法提供的网络服务正常运行的不正当竞争行为，判决其停止侵权并赔偿某讯公司经济损失300万元。

（三）案件分析

对"被诉行为是否构成不正当竞争"的分析如下。

首先，某公司与某讯公司的业务关联性强且业务均涉及微信公众号，二者构成竞争关系。其次，某公司通过将公众号助手宣传为"微信公众平台手机端"来推广其官方网站的行为构成不正当竞争。再次，某公司在百度百科词条以及在公众号助手软件下载页面的宣传行为构成不正当竞争。最后，某公司获取并保存用户在微信公众平台账号和密码的行为构成不正当竞争。

对于平台账号和密码等信息，某公司通过误导用户上传账号信息，并保存用户数据，同时未经许可获取微信用户的公众号账号和密码并保存至其服务器，这种行为违反了《数据安全法》的规定，对数据的收集、存储、使用均未采取必要措施确保数据安全，未保障数据处于有效保护和合法利用的状态。

（四）数安港合规评析

1.平台（企业）使用用户的数据，应明确告知用户数据收集的目的、范围和使用方式，获取用户的明确同意。

2. 平台（企业）数据的收集和使用应当遵循《反不正当竞争法》和《数据安全法》的相关规定，确保数据处于有效保护和合法利用的状态。

3. 平台（企业）应当建立自身的数据保护系统，合理抓取和使用用户数据，并实时对违规数据抓取行为进行监控与管理。

089 诱导用户安装插件获取第三方信息的定性

——M 北京科技有限公司与北京 P 咨询有限公司等不正当竞争纠纷案*

（一）裁判要旨

某招聘网站凭简历资源丰富、真实，建立市场竞争优势，拥有高知名度与用户黏性，其竞争优势应受《反不正当竞争法》保护。M 北京科技有限公司（以下简称 M 公司）通过"省钱招"插件在某招聘网站插入链接进行比价和简历下载，虽然不属于直接"插入链接、强制进行目标跳转"，但其行为损害了 Z 公司、北京 P 咨询有限公司（以下简称 P 公司）的经济利益，破坏了其商业模式，构成不正当竞争。该行为属于利用他人市场成果谋取商业机会，违背诚实信用原则与商业道德，构成不正当竞争。

（二）案情简介

某招聘网站由 Z 公司、P 公司共同经营，拥有大量简历和用户资源。M 公司开发了"省钱招"浏览器插件，支持多种浏览器安装，通过比价方式诱导用户在其平台上以更低价格下载简历。用户在某招聘选择简历时，"省钱招"插件会弹出窗口提示更低价格并提供下载服务。M 公司还通过投放虚假简历广告和发送广告邮件等方式进行不正当竞争。

---

* 北京知识产权法院（2021）京 73 民终 1092 号。

（三）案件分析

本案审理法院认为，某招聘网站所获得的竞争优势属于应受《反不正当竞争法》保护的合法权益，被诉侵权行为具有不正当性，判决被告停止不正当竞争行为，刊登声明、消除影响，赔偿原告经济损失100万元、其他费用65,261元。

1. 对"竞争优势保护"的分析

某招聘网站经过长期经营和宣传，在国内招聘行业已经具有一定知名度，拥有庞大而稳定的用户群体，形成较高的用户黏性，这背后是其长期、持续付出的经营投入和心血。因此，Z公司、P公司基于其商业模式，通过多年经营和宣传在国内招聘行业所获得的竞争优势，属于应受《反不正当竞争法》保护的合法权益。

2. 对"行为不正当性"的分析

M公司通过"省钱招"插件在用户浏览某招聘简历时插入比价窗口，诱导用户下载，此行为实质上截取了Z公司的用户流量。该插件将用户从某招聘下载的简历自动同步至其数据库，并以更低价格提供给其他用户，直接利用了Z公司的经营成果，构成"搭便车"行为。该行为违背了诚实信用原则和公认的商业道德，通过不正当手段攫取他人合理预期的商业利益，具有不正当性。

（四）数安港合规评析

1. 企业在保护自身数据权益的同时，也要尊重竞争对手的数据权益，避免未经授权复制、搬运他人数据，更应注意坚守诚实信用原则，不实施误导用户、"搭便车"等不正当竞争行为,确保经营行为的合法性和正当性。

2. 企业即便在获取用户许可和授权的情况下获取该用户在其他网站上的数据信息进行整合,也不必然使该行为具有合法性和正当性。

090 以"撞库"方式获取数据的合理界限

——杭州 C 网络科技有限公司不正当竞争纠纷案 *

(一)裁判要旨

经销商数据库系市场主体根据特定需求对所采集的用户原始数据进行脱敏、清洗、聚合、加工而形成的衍生数据,系市场主体投入劳动及成本经营的劳动成果,故属于市场主体的核心竞争资源,具有商业意义和商业价值,属于《反不正当竞争法》所保护的财产性权益。市场经营主体之间的数据竞争行为分为数据获取行为和数据利用行为,以"撞库"不正当途径获取经销商数据库导致后续数据使用行为也不具有正当性。

(二)案情简介

二原告系"女装网"的运营方及管理者,投入了大量人力、物力进行人工审核经销商资料,并对审核通过的经销商数据进一步加贴标签,进行人工分类筛选,最终放入平台经销商数据库,形成了具有十几万条经人工收集、审核、加工、筛选数据的经销商数据库。二原告认为,其通过经销商数据库以及精准经销商资料的访问、查看并获取权限,已形成具有核心竞争优势的特定、稳定的商业运营模式。"中服网"运营商及管理商的公司员工在得知会员账户和密码后,使用四个 IP 地址(系杭州 C 网络科技有限公司使用的 IP 专线地址)不断尝试登

---

* 杭州铁路运输法院(2018)浙 8601 民初 956 号。

录涉案网站付费会员账户、密码，以"撞库"方式成功登录原告网站后，查看、获取、使用经销商数据库信息。二原告诉请判令被告立即停止针对"女装网"企业会员及经销商数据库信息的侵权行为，赔礼道歉、消除影响，并赔偿经济损失及合理维权费用200万元。

（三）案件分析

法院经审理认为，原告、被告的商业模式、企业定位、用户群体存在高度重合性，在互联网服装领域是直接竞争关系，二原告通过对"女装网"所形成的数据信息进行加工处理，形成具有经济价值的经营性信息，被告通过不正当手段获取涉案经销商数据库构成不正当竞争并给原告造成了损害。从被控侵权行为目的和后果分析，被告以不正当手段获取涉案经销商数据后，在涉案两个网站提供服务同质化的情况下，主观上具有"不劳而获"的故意，导致二原告客户群流失和商业合作机会减少，故被控侵权行为不仅是一种牟利性的商业行为，更具有明显的指向性；被告不正当地超出必要限度使用涉案经销商数据信息，实质性替代了二原告在服装网站上给品牌方会员提供的服务，给涉案网站带来不利影响，破坏了正常的互联网服装产业生态。

综上所述，被告通过不正当手段获取涉案经销商数据库确属违反诚实信用原则和商业道德而具有不正当竞争的行为。法院判决被告立即停止不正当竞争行为，刊登声明以消除影响并赔偿二原告经济损失35万元。

（四）数安港合规评析

企业（平台）在获取相关数据库信息时，应遵循合法、正当、必要限度的原则，且不能通过不正当手段实质性替代原数据库开发者的服务，可以在一定程度上从实现积极效果的目的出发对数据库信息进行利用。本案既是以自己的数据库对竞争对手的数据库进行"撞库"，攫取对方的客户资源的典型案例，也是信息发布交易撮合B2B网站维权的典型案例，同时明确难以构成商业秘密的非公开企业数据的法律属性以及使用"撞库"方式获取竞争企业后台数据的行为定性，推动构建大数据时代良性竞争秩序。

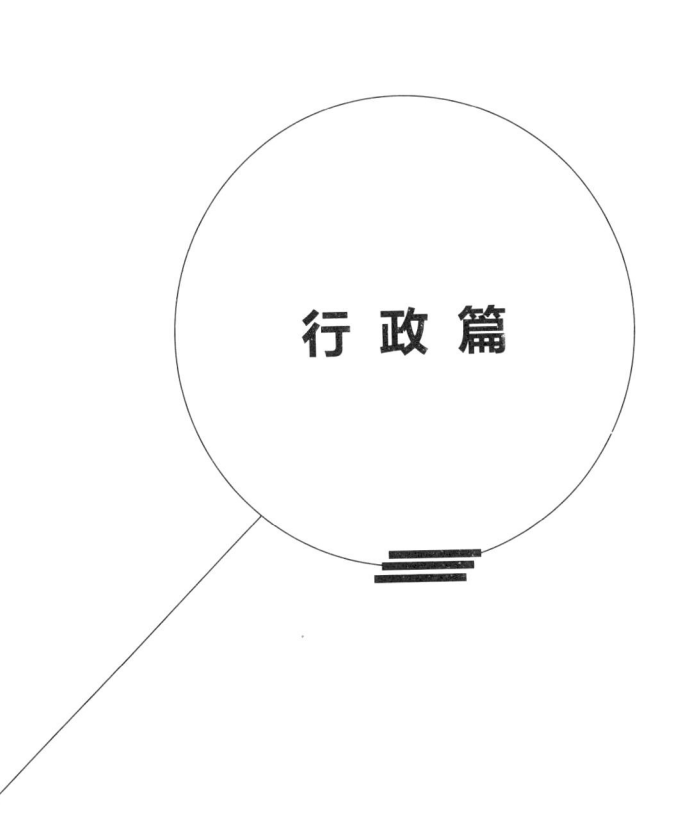

行政篇

一、违法违规收集使用个人信息

091 房产中介违规爬取个人信息的法律后果
——上海L网络技术有限公司未经消费者同意收集个人信息行政处罚案

（一）案情简介

上海L网络技术有限公司自2018年1月起，在其自行开发、运营的电脑软件"L房屋管理系统"及手机软件"手机L"中加入了抓取、收集二手房源信息及业主姓名、联系方式等信息的采集功能的程序。当事人的上述行为，未取得原始房源信息发布者及消费者同意，并有偿提供给房屋中介等客户使用。截至案发，当事人共抓取、收集真实房源信息及消费者个人信息3806条。

上海市静安区市场监管局根据《消费者权益保护法》第56条第1款第9项的规定，对上海L网络技术有限公司未经消费者同意收集消费者个人信息的违法行为，依法作出责令当事人立即改正违法行为、罚款10万元的行政处罚。

（二）案件分析

"消费者的个人信息"是指姓名、性别、职业、出生日期、身份证件号码、住址、联系方式、收入和财产状况、健康状况、消费情况等能够单独或者与其他信息结合识别消费者的信息。本案中，被处罚人未取得原始房源信息发布者及消费者同意，私自收集二手房源信息及业主姓名、联系方式等信息，并有偿提供给房屋中介等客户使用，构成未经消费者同意收集消费者个人信息的违法行为。

（三）数安港合规评析

如今消费者越来越关注个人信息保护，一些App未经信息所有人同意收集、使用或过度采集使用个人信息成为近年来的消费维权热点问题。因此，经营者收集、使用消费者个人信息，应当以合法、正当、必要及消费者自愿为原则。

个人信息的范围非常广泛，既包括与个人私生活和人格尊严密切相关的敏感信息，如身体信息、病史、婚史等，又包括一些非敏感的个人信息，如浏览网页的记录、手机号码、消费记录等，其中敏感信息直接与个人隐私及人格尊严相关。因此，经营者在收集、使用消费者个人信息时必须事先明示其收集、使用目的、方式和范围，并取得消费者的同意。

经营者收集、使用消费者个人信息应当采取必要措施保障消费者个人信息安全，不得泄露消费者个人信息、非法推送商业信息、"大数据杀熟"以及非法处理个人信息。

092 未经同意收集个人信息的法律风险
——深圳市某证券投资咨询有限公司行政处罚案

（一）案情简介

2022年2月，广东省公安厅网警总队通报"深圳市某证券投资咨询有限公司"旗下应用"盈某宝"App存在以下违规行为：

（1）未在隐私政策等公示文本中逐一列明App所集成第三方SDK收集使用个人信息的目的、方式和范围。

（2）App首次运行未经用户阅读并同意隐私政策，就开始收集个人信息MAC地址、Android ID和应用列表信息。

（3）存在Janus签名机制漏洞。该单位行为已构成未经同意，非法获取、出售、向他人提供个人信息的事实。

深圳市公安局福田分局根据《个人信息保护法》第66条的规定，对深圳市某证券投资咨询有限公司予以警告，并责令限期改正。

（二）案件分析

1. 对"未在隐私政策等公示文本中逐一列明收集使用个人信息的目的、方式和范围"的分析

本案中数据处理者未能告知用户个人信息收集处理的目的、方式和范围，属于未明示收集使用个人信息的目的、方式和范围的违法行为。《个人信息保护法》第7条和第17条都规定了个人信息处理规则以及处理个人信息的目的、方式和范围，即为了确保用户知悉其个人信息有哪些会被收集、如何被处理以及将用于什么用途，从而保障用

户的知情权。

2. 对"App首次运行未经用户阅读同意隐私政策，就开始收集信息"的分析

本案涉及数据处理者未经用户同意收集个人信息，就是在用户不知情且未明确授权的情况下，私下擅自收集、处理个人信息，这与《个人信息保护法》所明确的知情同意规则完全相悖。知情同意规则是个人信息处理中的核心规则，要求信息处理者应当基于告知条款获取用户的有效同意后，方可处理用户个人信息。

（三）数安港合规评析

对于金融理财类App来说，接触最多的便是用户的实名信息和交易数据，最基础的商业逻辑也在于这种数据信息可以进行直接变现。当前，监管明确提出个人信息采集最小化的要求，但在实际业务开展过程中，平台往往存在无授权采集、"一次授权、无穷采集、无限使用"等问题，信息主体的知情权、同意权、异议权无法得到保障。按照当前个人信息保护的监管要求来看，App运营者必须从数据的采集、存储、加工、传输、披露等多个环节规范用户个人信息管理，落实信息处理者主体责任，尽可能减小侵害用户权益及信息泄露等安全隐患问题的发生。

093 过度收集使用个人信息的天价罚单
——某滴公司网络安全审查行政处罚案

（一）案情简介

2021年7月，中央网络安全和信息化委员会办公室按照《网络安全审查办法》的要求对某滴公司实施网络安全审查。根据网络安全审查结论及发现的问题和线索，国家互联网信息办公室依法对某滴公司涉嫌违法行为进行立案调查。经查明，某滴公司共存在16项违法事实，归纳起来主要是八个方面：一是违法收集用户手机相册中的截图信息1196.39万条；二是过度收集用户剪切板信息、应用列表信息83.23亿条；三是过度收集乘客人脸识别信息1.07亿条、年龄段信息5350.92万条、职业信息1633.56万条、亲情关系信息138.29万条、"家"和"公司"打车地址信息1.53亿条；四是过度收集乘客评价代驾服务时、App后台运行时、手机连接桔视记录仪设备时的精准位置（经纬度）信息1.67亿条；五是过度收集司机学历信息14.29万条，以明文形式存储司机身份证号信息5780.26万条；六是在未明确告知乘客情况下分析乘客出行意图信息539.76亿条、常驻城市信息15.38亿条、异地商务/异地旅游信息3.04亿条；七是在乘客使用顺风车服务时频繁索取无关的"电话权限"；八是未准确、清晰说明用户设备信息等19项个人信息处理目的。

2022年7月21日，国家互联网信息办公室依据《网络安全法》《数据安全法》《个人信息保护法》等法律法规，对某滴公司处人民币80.26亿元罚款，对某滴公司董事长兼CEO程某、总裁柳某各处人民币 100 万元罚款。

(二) 案件分析

1. 对"未明确告知""未准确说明个人信息处理目的"的分析

本案涉及数据处理者未尽个人信息处理告知义务，根据相关法律法规规定，基于用户个人同意处理个人信息的，该同意应当由用户个人在充分知情的前提下自愿、明确作出；而个人敏感信息只有在具有特定目的和充分必要性并采取严格保护措施的情形下，方可由个人信息处理者处理，并应当向用户个人告知处理敏感个人信息的必要性以及对个人权益的影响。

2. 对"过度收集""违法处理"个人信息的分析

本案中，数据处理者通过违法手段，过度收集用户剪切板信息、相册中的截图信息、亲情关系信息等个人信息，违法处理包括人脸识别信息、精准位置信息、身份证号等多类敏感个人信息，严重侵犯用户个人隐私，严重侵害了用户个人信息权益，未尽网络安全、数据安全保护义务。

(三) 数安港合规评析

某滴公司违法行为涵盖过度收集个人信息、强制收集敏感个人信息、App 频繁索权、未尽个人信息处理告知义务、未尽网络安全数据安全保护义务等多种情形。该天价处罚案说明我国当前在个人信息治理方面的力度是史无前例，并且是坚决惩罚性处罚的，这就给企业的数据和信息处理活动敲响了警钟。数据处理者应当遵守法律法规和公序良俗，在程序合法、正当、必要的前提之下收集、使用和处理个人信息。而个人信息处理的核心规则是"告知—知情—同意",《个人信息保护法》在此框架外,还规定了单独同意制度,即在处理敏感个人信息、向他人提供或公开个人信息、跨境转移个人信息等环节应取得个人的单独同意。因此,数据企业必须重新审视企业在个人信息收集、处理环节的合法合规性,切实承担起个人信息保护企业主体责任。

094 政府职能部门在个人信息保护中的法定监管职责
——湖南省长沙市望城区人民检察院督促保护个人生物识别信息行政公益诉讼案

（一）案情简介

湖南省长沙市望城区卫生健康局推进数字化门诊建设，自2019年7月12日起，要求17家医疗卫生机构使用电子签核系统，该系统自动采集指纹和人脸识别信息，相关电子数据的存储及主机均由各社区卫生服务中心管理。截至2022年3月11日，上述机构共收集83万余条涉及指纹、人脸识别等个人生物识别信息。湖南省长沙市望城区人民检察院接到群众举报后，发现这些机构过度收集个人信息，并存在泄露风险。检察机关立案调查并提出诉前检察建议，促使相关机构采取整改措施保护个人信息安全。

（二）案件分析

根据《个人信息保护法》第5条、第6条的规定，处理个人信息应当遵循合法、正当、必要和诚信原则，应当限于实现处理目的的最小范围，不得过度收集个人信息。

本案中，涉案医疗卫生机构（以下简称涉案机构）在未充分征求患者知情同意的情况下，自动收集指纹和人脸识别信息，违反了个人信息处理的合法性原则；涉案机构在收集个人生物识别信息时，超出了提供相应服务的实际需要，未能满足正当性和必要性原则的要求；涉案机构未透明地向信息主体说明信息收集目的、方式和范围，未能遵循诚信原则，也未能确保信息主体的知情权和选择权；涉案机构未能按照网络安全等级保护的要求，采取必要的技术和管理措施，导致电子签核系统存在安全漏洞，如弱口令、数据未加密等问题，增加了个人信息泄露、篡改、丢失的风险。此外，望城区卫健局和区公安分局作为监管机构，未能及时发现并纠正涉案机构在个人信息保护方面的违法行为，未能有效履行监管职责。

（三）数安港合规评析

行政单位数据汇集活动本质上是行政权的行使，因此应受到行政法治原则和制度的约束。

1. 数据收集合法性控制。从源头控制的角度看，应确保行政单位具有收集数据的职权依据，即收集行为只能在其履行法定职责所必需的范围内，不能宽泛地将其负责的具体事务范围作为收集数据的职权依据。例如，涉案机构仅因"数字化门诊建设"即收集患者个人生物识别信息，便存在收集数据正当性和必要性模糊的问题。

2. 保证数据匿名化处理效果。企事业单位应建立健全内部管理制度，采取必要的技术和管理措施，保障个人信息的安全，防止数据被泄露、篡改或丢失。

3. 数据共享汇集的权责匹配。对于涉及个人敏感信息的业务，企事业单位应实施更为严格的保护措施，并定期进行安全评估和风险控制。

此外，根据《网络安全法》第 8 条、《个人信息保护法》第 6 章、《数据安全法》第 44 条等的相关规定，有关机关应在各自职责范围内负责个人信息保护、网络安全保护和监督管理工作。各职能部门应厘清法定职责，依法全面履职、协调联动，消除公民个人信息泄露风险，切实维护社会公共利益。

二、违反个人数据保护义务之行政责任

095 学术网站侵犯个人信息的法律后果
——知网网络安全审查行政处罚案

（一）案情简介

2022年6月，中央网络安全和信息化委员会办公室依据《国家安全法》《网络安全法》《数据安全法》，按照《网络安全审查办法》的要求，宣布对知网（CNKI）启动网络安全审查。经查实，知网主要运营主体为同方某（北京）技术有限公司、同方某数字出版技术股份有限公司、《中国某期刊（光盘版）》电子杂志社有限公司三家公司，其运营的手机知网、知网阅读等14款App存在违反必要原则收集个人信息、未经同意收集个人信息、未公开或未明示收集使用规则、未提供账号注销功能、在用户注销账号后未及时删除用户个人信息等违法行为。

2023年9月，国家互联网信息办公室依据《网络安全法》《个人信息保护法》《行政处罚法》等法律法规的规定，综合考虑知网违法处理个人信息行为的性质、后果、持续时间，特别是网络安全审查情况等因素，对知网依法作出网络安全审查相关行政处罚的决定，责令其停止违法处理个人信息行为，并处人民币5000万元罚款。

（二）案件分析

1. 对"违反必要原则收集个人信息"的分析

违反必要原则收集个人信息，就是超出提供服务所实际需要的范

围，过度收集个人信息。最小必要原则是个人信息保护领域立法的基本原则之一，要求对个人信息的处理应限定在为实现特定目的所必不可少的范围内，尽可能减小对个人信息主体权益造成的影响和侵害。除了基于业务需求和实现特定业务场景所必要的业务索取，App 不得收集除实现其基本功能之外的用户个人信息。

2. 对"未公开或未明示收集使用规则"的分析

未公开或未明示收集使用规则，实际上是知情同意规则中的"知情"的标准没达到。根据《App 违法违规收集使用个人信息行为认定方法》的规定，在 App 中没有隐私政策，或者隐私政策中没有收集使用个人信息规则以及在 App 首次运行时未通过弹窗等明显方式提示用户阅读隐私政策、隐私政策等收集使用规则难以访问或阅读等行为，均可被认定为"未公开收集使用规则"的违法行为。

（三）数安港合规评析

知网处罚案件对所有相关企业发出警示，用户个人信息固然是企业可以利用的重要财富，但也可能成为企业运营的一个风险点。互联网企业必须重视个人信息的收集、使用、保护、存储和删除的数据全流程合规问题，主要关注以下五点：一是结合自身业务特点建立健全个人信息保护合规管理制度，包括内部管理制度和操作规程，明确组织架构、岗位职责，建立工作流程、完善内控制度等，履行个人信息保护基础义务；二是履行个人信息处理告知义务；三是主动明确告知个人信息保护政策；四是关注个人敏感信息的存储；五是注意 App 停止运营时对个人信息的删除或匿名化处理。

096 驾培企业数据管理失职的行政责任

——广州某公司"驾培平台"未建立数据安全管理制度和操作规程行政处罚案

（一）案情简介

2022年2月，广州警方在开展广州民生实事"个人信息超范围采集整治治理"专项工作中检查发现，广州某公司开发的"驾培平台"存储了驾校培训学员的姓名、身份证号、手机号、个人照片等信息1070万余条，但该公司没有建立数据安全管理制度和操作规程，对于日常经营活动采集到的驾校学员个人信息未采取去标识化和加密措施，系统存在未授权访问漏洞等严重数据安全隐患。系统平台一旦被不法分子突破窃取，将导致大量驾校学员个人信息泄露，给广大人民群众个人利益造成重大影响。根据《数据安全法》第27条的规定，广州警方对该公司未履行数据安全保护义务的违法行为，依法处以警告并处罚款人民币5万元的行政处罚。

（二）案件分析

根据《数据安全法》第27条的规定，开展数据处理活动应当依照法律、法规的规定，建立数据安全管理制度，组织开展数据安全教育培训，采取相应的技术措施和其他必要措施，保障数据安全。企业利用互联网等信息网络开展数据处理活动，应当在网络安全等级保护制度的基础上，履行上述数据安全保护义务。因此，企业对其采集的数据应当履行安全保护义务。

本案中,"驾培平台"公司作为义务人并未建立完善的数据安全制度和员工培训体系,也未采取相应的技术措施和其他必要措施在网络安全等级保护制度的基础上防止个人信息泄露,更未配备风险监测制度,难以第一时间发现数据泄露风险,也无法及时采取补救和处置措施,严重威胁公民个人信息安全。

(三)数安港合规评析

数据流通市场是多主体参与的市场,无论是数据供方、需方、流通交易平台运营方还是第三方服务商,均需建立数据合规治理体系,从而确保全流程中数据来源合法、隐私保护到位、流通和交易规范。具体而言,相关企业应当做到:第一,构建全员参与、全程监控、全域覆盖的数据安全合规管理体系,采取加密、去标识化等技术措施以提升平台的访问技术难度;第二,搭建合规管理架构,明确数据安全合规建设工作第一责任人;第三,加强对企业员工的数据安全合规能力培训,并对其职责履行情况进行综合评估;第四,加强数据安全合规风险应对,针对潜在风险制定应急预案,采取有效措施,及时应对处置。

097 教培企业数据境外泄露的行政责任
——北京某教育公司未履行数据安全保护义务行政处罚案

（一）案情简介

2023年8月1日，一境外论坛发布题为"某教育站点教70多万订单信息"的帖文，疑似北京某教育公司发生数据泄露。针对此情况，北京市海淀网安部门立即开展核查处置工作。经查，该公司教务排课系统在账号、密码传输前未进行加密传输，存在账号、密码"爆破"的可能。黑客可通过"爆破"手段获取账号、密码，通过访问导出大批量后台数据，造成数据泄露。该公司未建立全流程数据安全管理制度、未落实网络安全等级保护制度、未履行数据安全保护义务，违反了《数据安全法》第27条、第45条的规定。北京市公安局海淀分局对该公司给予罚款5万元的行政处罚，给予直接负责的主管人员罚款10,000元的行政处罚。

（二）案件分析

《数据安全法》第27条规定，开展数据处理活动应当依照法律、法规的规定，建立健全全流程数据安全管理制度，组织开展数据安全教育培训，采取相应的技术措施和其他必要措施，保障数据安全。企业利用互联网等信息网络开展数据处理活动，应当在网络安全等级保护制度的基础上，履行上述数据安全保护义务。

本案中，教务排课系统在账号、密码传输前未进行加密传输，即说明没有采取相应的技术措施和其他必要措施以保障数据安全。黑客可通过"爆破"手段获取账号、密码，并导出大批量后台数据。而涉案公司没有建立内部数据流转导出的审批检查程序，未对数据导出操作进行相应的检查与核实，造成数据泄露，进一步说明其缺乏健全的全流程数据安全管理制度，由此导致大量学员个人信息泄露，给广大人民群众个人利益造成重大影响。

（三）数安港合规评析

《网络安全法》《个人信息保护法》《数据安全法》等法律已经建立起一个科学合理的数据安全保护义务的规范体系，当前更为重要的是如何确保数据安全保护义务得到有效履行。

因此，数据处理者需要建立健全全流程数据安全管理制度，通过先进技术措施和其他必要手段来具体实现对数据安全的保护，并且通过风险监测以及定期风险评估机制来预防数据安全事件的发生。唯其如此，才能奠定数据交易、数据流通与利用的坚实前提，真正发挥数据作为第五大生产要素的功能，促进数字经济的发展，在法治的轨道上实现对数据的充分利用和有效治理，推进国家治理能力与治理体系的现代化。

098 运维公司擅自"出域"公共数据须承担的法律责任
——浙江省温州市某科技有限公司擅自上传公共数据行政处罚案

（一）案情简介

2023年6月16日，公安部网安局发布一则案例，浙江某科技有限公司在为浙江某县级市政府部门开发运维信息管理系统的过程中，在未经建设单位同意的情况下，将建设单位采集的敏感业务数据擅自上传至租用的公有云服务器上，且未采取安全保护措施，造成了严重的数据泄露。浙江省温州市公安机关根据《数据安全法》第45条的规定，对涉案公司、项目主管人员及直接责任人员分别作出罚款100万元、8万元、6万元的行政处罚。

（二）案情分析

根据《数据安全法》第45条的规定，拒不改正或者造成大量数据泄露等严重后果的，处50万元以上200万元以下罚款，并可以责令暂停相关业务、停业整顿、吊销相关业务许可证或者吊销营业执照，对直接负责的主管人员和其他直接责任人员处5万元以上20万元以下罚款。

本案中，涉案公司作为政府信息化项目的承建单位，未经建设单位同意将公共数据上传至公有云并造成严重数据泄露，所以应对涉案公司、项目主管人员及直接责任人员进行相应处罚。此外，根据《中共中央 国务院关于构建数据基础制度更好发挥数据要素作用的意见》

《浙江省公共数据授权运营管理办法（试行）》的规定，鼓励公共数据在保护个人隐私和确保公共安全的前提下，按照"原始数据不出域、数据可用不可见"的要求，以模型、核验等产品和服务等形式向社会提供。因此，涉案公司在政务数据存储使用方面也存在失职，其在未取得建设单位及数据管理部门批准下擅自数据"出域"。同时，涉案公司行为也违反了地方政府建设信息化系统要求，在政务信息系统未正式上线前，擅自将建设单位采集的敏感业务数据上传，没有使用政府统一提供的云平台进行建设开发。

（三）数安港合规评析

政务数据往往由政府职能部门委托外部组织开发运营的系统进行采集、存储和利用，但是其数据权属归属于政府职能部门，受托组织未经授权进行数据"出域"并造成数据泄露属于违约违法行为，应当承担数据安全责任。政府职能部门在委托建设公司进行系统建设时，应该加强其数据存储及云服务器的使用规范监管，提出相应的建设要求。承建单位也应建立完善的安全开发和数据存储规章制度，提供安全有效的技术防护措施，对于敏感信息和重要数据，更应采用高级加密技术进行保护，确保数据在传输和存储过程中不被窃取或篡改。

099 消费者医疗信息权益的行政保护
——浙江省温州市鹿城区人民检察院督促保护就诊者个人信息行政公益诉讼案

(一)案情简介

2016年至2018年,温州市某儿童摄影公司员工张某某、某儿童培训公司员工卢某某等人,为公司商业营销需要,采用购买、交换等方式从温州市多家医院非法获取1万余条孕产妇个人信息,其间张某某等人还向他人出售、提供孕产妇个人信息。涉案两家公司对员工非法收集、使用、泄露孕产妇个人信息用于商业营销的违法行为未尽到个人信息保护义务,严重侵害就诊者合法权益。浙江省温州市鹿城区人民检察院通过成立专案组调查,查明事实,并向市场监督管理局发出诉前检察建议,督促其依法查处涉案公司。

(二)案件分析

依据《消费者权益保护法》第29条第1款和第2款的规定,经营者收集、使用消费者个人信息,应当遵循合法、正当、必要的原则,明示收集、使用信息的目的、方式和范围,并经消费者同意。经营者收集、使用消费者个人信息,应当公开其收集、使用规则,不得违反法律、法规的规定及双方的约定收集和使用信息。经营者及其工作人员对收集的消费者个人信息必须严格保密,不得泄露、出售或者非法向他人提供。经营者应当采取技术手段和其他必要措施,确保信息安全，防止消费者个人信息泄露、丢失。在发生或者可能发生信息泄露、丢失的情况时，应当立即采取补救措施。

本案中，涉案公司员工张某某和卢某某通过购买、交换等非法手段获取孕产妇个人信息，违反了个人信息保护的法律规定，构成非法获取个人信息。涉案公司未能采取有效措施保护消费者的个人信息，并将非法获取的个人信息用于商业营销，进一步侵犯了消费者的隐私权和个人信息安全，加剧了侵害行为的严重性，该公司应对其未尽保护义务承担相应的法律责任。

（三）数安港合规评析

2023年12月，国家数据局等17个部门发布的《"数据要素×"三年行动计划（2024—2026年）》，提出推动医疗健康领域数据要素场景落地，有序释放健康医疗数据价值，加强医疗数据融合创新。但当前各医疗机构之间信息割裂，"数据孤岛现象"依然存在，大量医疗数据因无法流通使用成为事实上的"沉睡数据"，且因医疗数据涉及个人敏感信息，一旦泄露将对公民隐私及健康安全产生严重威胁。

若相关企业对医疗健康数据存在价值挖掘需求，应严格遵守《网络安全法》《数据安全法》《个人信息保护法》等法律规定，依法获得患者的事前授权同意并明示处理的目的、方式和范围，确保信息收集、使用和保护的合法性、正当性和必要性。建立和完善信息保护制度，采取有效措施确保传输痕迹、传输时间、传输人员信息可查询、可追溯。此外，可考虑推动分布式数字身份认证，当相关企业发布数据需求时，允许用户自行控制及授权使用健康数据，解锁沉睡的医疗数据价值。

三、擅自向境外提供重要数据

100 跨境数据流通应遵守的行为规范
——上海某信息科技公司向境外非法提供高铁数据案

（一）案情简介

2020年年底，上海某信息科技公司（以下简称某公司）通过微信群与一家境外公司接洽，该境外公司自称其客户从事铁路运输的技术支撑服务，为进入中国市场需要对中国的铁路网络进行调研，但是受新冠疫情的影响，准备委托境内公司采集中国铁路信号数据。某公司销售总监王某向公司法务咨询了该项目的法律风险，法务明确指出数据的流出是不可控的，非常有可能会危害国家安全，建议某公司谨慎考虑。但因项目利润较为丰厚，某公司明知存在法律风险仍然接下该项目，为境外公司搜集、提供铁路GSM-R敏感信号等数据。经有关部门勘验，相关电子设备仅一个月采集的信号数据就已经达到500GB，某公司的行为违反了《数据安全法》等法律。

（二）案件分析

《网络安全法》第37条、《数据安全法》第31条均规定，关键信息基础设施的运营者在中华人民共和国境内运营中收集和产生的个人信息及重要数据应当在境内存储。因业务需要，确需向境外提供的，应当按照国家网信部门会同国务院有关部门制定的办法进行安全评估。

本案中，某公司虽并非关键信息基础设施的运营者，但是其以非法方式收集高铁敏感数据，并且未按照相关法律法规的规定履行数据跨境传输的申报、审批流程，造成直接用于高铁列车运行控制和行车调度指挥的敏感信息泄露，对我国的铁路运营安全构成重大威胁。

（三）数安港合规评析

我国数据出境安全管理制度设计包含如下内容。

《网络安全法》作为我国网络安全领域的首部基础性法律，首次规定了数据出境的安全评估制度，为跨境数据安全流动与数据监管起到了奠基性作用。2021年陆续出台的《数据安全法》《个人信息保护法》形成了数据分类分级管理的设计框架，为开展数据跨境流动管理提供了法律依据。2024年3月，《规范和促进数据跨境流动规定》《数据出境安全评估申报指南（第二版）》《个人信息出境标准合同备案指南（第二版）》发布，明确数据出境的三条路径（数据出境安全评估、个人信息保护认证、个人信息出境标准合同），提出若干豁免数据出境三条路径的情形，放宽了触发数据出境三条路径的数量门槛，并对申报数据出境安全评估及备案个人信息出境标准合同的方式、流程和材料等具体要求作了说明，对数据处理者需要提交的相关材料进行了优化简化，整体形成了促进数据跨境流动的新格局，为数据跨境业务企业开展日常经营管理中的数据出境活动带来重大利好。

涉及跨境数据流通业务的企业，应严格遵循按照我国及数据接收方所在国家的相关法律法规，完成必要数据出境申报、审批程序，加强数据安全治理体系建设，加强风险监测技术能力建设和加强应急响应机制建设，充分释放数据跨境流动的发展红利。

数安港探索之路

一、数安港评析

随着数字经济的快速发展,数据已成为推动社会进步和产业升级的关键要素。然而,当前数据安全问题日益凸显,已成为政府监管与企业运营中不可忽视的重要环节。针对当前数据企业面临的执法尺度不一、异地趋利性执法等挑战,以及企业在数据处理及权益保护方面的复杂需求,数安港从政府侧和企业侧两个维度出发,提出一系列切实可行的建议。从政府方面,通过统一执法标准、强化跨地区司法协作、建立监督机制等措施,构建更加公平、透明、高效的数据执法环境;从企业方面,则强调建立合法合规的数据处理与安全机制,明确不同数据类型来源的合规要求,加强数据存储、使用及权益保护,以确保数据在流动与共享中的安全性与合法性。

(一)政府侧

针对各地司法机关对数据企业执法尺度不一、异地趋利性执法的问题,结合现有网络安全与数据安全的法律法规,各地政府机关可以向国家有关部门提出以下司法建议。

1. 进一步统一涉数据企业案件执法标准

建议国家相关部门制定全国统一的数据企业执法标准,明确法律适用范围、执法程序及处罚力度,以减少地方司法机关在具体案件中执法尺度的差异性。

2. 强化跨地区司法协作机制落实

鉴于数据企业的运营往往涉及多个地区,建议强化跨地区的司法协作机制,鼓励不同地区的司法机关进行信息共享与协调执法,避免因地域差异造成的趋利性执法。

3. 建立涉数据企业执法监督机制

建议从国家层面建立对数据企业执法行为的监督机制，鼓励社会公众及企业对异常执法行为进行监督，并对反映的案件进行及时、有效的调查处理。

4. 进一步完善法律法规，发布指导性案例

当前技术迭代迅速，建议立法部门及最高司法机关对涉及数据领域的法律法规进行及时修订或完善，适时发布指导性案例，为数据企业提供明确的规范和统一的操作原则。

5. 因地制宜设立专业司法部门，相关案件集中统一管辖

在数据要素时代，法律问题和纠纷类型呈现前所未有的复杂性和多样性。为了应对这一挑战，建议各省公检法司在有条件的地区设置专业部门，如数据保卫支队、数据资源检察室、数据资源法庭、数据仲裁庭，集中管辖本区域以及周边区域的相关案件。此外，可以通过集中管辖模式，提升执法专业化水平，同时减少重复审查，节省司法资源，优化司法产出，更好地适应快速变化的数据行业商业模式，从而实现司法效率和专业性的全面提升。

6. 引导相关行业协会制定行业自律规范

政府部门鼓励数据加工、数据确权、合规审查等行业协会或组织制定相应的自律规范，引导企业合规经营。部分细则可以在全国范围内推广实施，从而减少因行业差异导致的执法不一致问题。

7. 推动法律途径的便捷性

便捷企业法律救济，保障企业及其主要负责人在面临趋利性执法时可以减小负面影响，避免损害扩大，有效寻求解决方案。

（二）企业侧

数据要素企业应建立合法合规的数据处理与安全机制，明确区分公共数据和非公共数据、个人数据和非个人数据、公开数据和非公开数据的不同收集机制，以便区分相应的注意义务，确保数据共享与利用的合法性。

1. 不同数据类型来源的合规要求

数据要素企业应当注意数据来源的合法性。从第三方收集数据时，应当注意审查第三方数据来源的合法性，如可以通过协议约定以确保数据安全。在使用第三方提供的相应服务时，应核查其资质以及往期违规、处罚等记录，确保第三方服务商具备适当的安全能力。

数据要素企业在收集个人信息时，应当限于实现处理目的的最小范围，不得过度收集个人信息。譬如，当数据要素企业提供出行服务时，收集个人信息应尽可能限于出行相关的范围，而当数据要素企业提供医疗服务时，收集个人信息应尽可能限于诊疗相关的范围。如果数据要素企业超出最小范围过度收集个人信息，将可能面临严厉的行政处罚。因此，在个人信息处理活动中，数据要素企业应当以"告知—同意"为原则，通过清晰的同意书或用户协议向信息主体充分说明收集的目的、方式和范围，征求服务对象的知情同意，确保信息主体的知情权和选择权。

数据要素企业在自行收集数据过程中应当遵循告知同意原则，获得合法授权。使用用户的数据，应明确告知用户数据收集目的、范围和使用方式，获取用户的同意。例如，在服务协议中明确用户授权使用条款，明确自身数据权益范围。数据要素企业可以采用格式条款以节约交易成本、提高效率，但应当坚持公平原则确定双方的权利义务，注意文字表述的准确性，避免因歧义造成不利于己方的解释。同时，数据要素企业在提供格式条款时应当采用足以引起相对方注意的方式进行说明，比如使用特殊字体、字号、符号、内容加粗等形式，将需要提示的条款予以重点标注。为保证收集和处理个人信息的合规性，数据要素企业应当制定隐私政策。综合整理平台收集使用个人信息的规则，对用户个人信息使用作出明确的解释和提示，全面说明个人信息对外共享、转让、公开披露等情况。数据要素企业在展示隐私政策时，需要保障隐私政策的独立性、易读性。数据要素企业应确保用户在进入平台时，界面中能够以弹窗、链接等方式提供隐私政策，实现用户对个人信息权益的知情同意。

2. 数据存储应遵循的规范要求

数据要素企业应当妥善存储数据，建立数据全生命周期安全管理制度，对不同级别数据制定具体的分级防护要求和操作规程，包括但不限于以下措施：

（1）数据加密：采用合适加密标准保护相应级别数据；

（2）访问控制：实施严格的访问控制措施，确保只有授权人员才能访问数据；

（3）数据备份：定期备份数据，并确保备份数据的安全；

（4）规范数据存储期限：根据业务类型依规明确规定数据存储时间；

（5）建立数据响应机制：优化异常数据账号的反馈机制，及时发现异常的数据使用情况；

（6）建立数据销毁制度：超出存储时间后应及时安全删除。

对于公共数据，数据要素企业应当遵循属地政府要求进行数据存储，未经允许不得将公共数据"出域"。

3. 数据使用应遵循的授权原则

数据要素企业应当建立数据使用审批流程，对数据的使用进行严格限定和精确记录。使用个人信息数据之前，应当得到信息主体的充分授权。

数据要素企业应注重数据产品的开发创新，融入自身的创新创造，避免出现直接转卖数据等技术含量较低的情况，为数据市场供给创新的产品或服务，降低违反数据市场商业道德、构成不正当竞争行为的可能性。

数据要素企业应清晰界定自身享有的数据权益范围，区分单一原始数据与数据资源整体，并制定相应的使用和管理策略。数据要素企业在使用数据时，应当尊重竞争对手的数据权益，避免未经授权复制、搬运他人数据，也应注意坚守诚实信用原则，不实施误导用户、"搭便车"等不正当竞争行为，确保经营行为的合法性和正当性。同时，数据要素企业作为数据使用主体对于数据原始主体负有数据质量保证义务，即数据使用主体有义务采取合理措施保证数据质量，以确保数据原始主体的合法权益不受到不恰当的损害。

数据要素企业在向第三方共享个人信息时，应出于合法、正当、必要、特定、明确的目的共享用户个人信息，并只共享提供产品/服务所必要的个人信息。

数据要素企业的目标群体为未成年人时，应加强管理，采取有效措施对用户画像予以甄别，核实用户真实身份，限制未成年人冒用家长身份，如设置密码、指纹甚至人脸识别等多重验证机制。

提供 AI 服务的数据要素企业应对平台内可能存在的侵权风险尽

到合理注意义务，并履行相应的侵权通知及采取必要措施制止侵权的义务。

4.数据权益的保护建议

数据要素企业应注意对自身数据权益的保护，建立健全数据处理的内部管理制度，采取完善服务协议、添加反数据爬虫、增设验证机制等安全措施，确保数据的真实性、完整性和合法性。数据要素企业应明确声明数据保护的范围，注重用户的数据与隐私权保护，包括用户的注册信息、用户评论以及上传的其他数据信息等，限制不合理的数据抓取与使用行为，防止用户信息被用于非法牟利。特别是在处理敏感数据时，应遵循法律框架和行业最佳实践，保障数据安全。

数据要素企业应建立和完善各类数据安全事件应对机制。一方面，注意数据在各阶段的合法性、真实性、准确性、安全性，尽可能降低发生各类数据安全事件的风险。另一方面，完善问题发生后的应对机制，建立自身的数据保护系统，畅通异常数据账号的反馈渠道，优化反馈机制，及时发现异常情况，并采取措施防止事件进一步扩大，积极主动地与可能受到影响的各方沟通协商，以将损失控制在最小范围内。

数据要素企业对数据集的保护，可以进行数据知识产权登记，以获得司法初步认可和保护。数据要素企业在开发与保护衍生数据时应当注意留存证据，注意留存数据产品开发利用过程中所投入的各项成本，以便在发生侵权案件时能够提供有力证据以全面弥补自身损失。在面临不正当竞争纠纷时，数据要素企业应积极运用《反不正当竞争法》维护数据权益，通过法律手段打击侵权行为。同时，也应加强行业自律和合作，共同维护数据市场的公平竞争环境。

综上所述，数据要素企业既要保障数据的合理流动和再利用，推动数据的开放与共享，又要确保数据处理合法合规和数据安全。这种平衡的实现，需要数据要素企业在行动前审慎评估，确保其行为符合法律框架，遵守行业规范。同时，数据要素企业也应采取合理措施保护自身的数据权益。

数据安全不仅是企业持续发展的基石，也是构建健康数据生态、推动数字经济高质量发展的必然要求。通过政府层面的政策引导与监管强化，以及企业自身的体系建设与技术创新，二者结合能够共同推动数据体系的建设与完善。政府需继续加强顶层设计，为数据安全提供坚实的法律保障与政策支持；企业则需积极响应，建立健全内部管理制度，加强数据安全防护，确保数据处理活动的合法合规。双方携手并进，共同维护数据市场的公平竞争秩序，促进数据要素的高效流通与价值释放，为经济社会的高质量发展注入强劲动力。

二、数安港模式介绍

目前，我国数据要素流通产业尚属于起步阶段，数据合规平台设计、数据定价和流通模式、运营体系、主体准入机制等一系列的必要环节，在国际上尚无先例可循，只能立足于市场需求。根据我国基本国情进行自主创新，制定具有中国特色的数据要素流通交易模式及规则。

仅成立各式各样功能迥异的大数据交易所在中国法语境下实际并无法在法律适用、政策松绑层面作出真正具有普适价值的探索与实践。中国改革开放40多年的成功经验在于其路径与目标的演绎逻辑是基于不断的区域性试点试错，产业园区（开发区、自贸区等）是中国在全球化竞争中主动展开的一场攻守兼备的试验。对比日韩，韩国20世纪

数据百案分析

50年代至60年代经历的产业经济发展、日本20世纪50年代至60年代经历的产业经济黄金发展时代，均使用了"选择性产业政策"，获得了显著的经济成果。法治是最好的营商环境，产业园区在中国行政法治层面具有丰富的内涵及外延，为改革的先行先试提供了优良的营商创新环境。

（一）中国数安港的制度试验起点

浙江省温州市人民政府基于"数字浙江"建设的政策部署，设立中国数安港［全称"中国（温州）数据智能与安全服务创新园"］，这是以一个创新产业园区、一个大数据联合计算中心、一套数据安全与合规体系、一系列专业司法保障部门等"九个一"架构起来的数安港，通过推动数据产业全链条深度融合，为全国数据要素市场化配置改革探路先行，蹚出合法合规的数据市场化新路径。中国数安港搭建的由政府、产业界、学术圈、研究院多方联动，公检法司深化介入的数据全生命周期合规管理服务生态系统，是隐私计算真正达成数据合规的破题之眼。

数据要素市场划定在中国数安港域内试点，邀请数据相关领域专家学者，设定制度框架，使改革在法治的框架内稳步进行，出台《中国数安港数据安全合规评估机构资质管理办法》《中国数安港数据安全合规认证管理办法（试行）》《中国数安港数据安全合规评估机构推荐名录管理办法》《温州市企业数据合规指引（试行）》《温州市公共数据授权运营实施细则（试行）》等具体规章制度，呼应细化上位法的原则要求，形成真正的数据安全与合规闭环体系，迈出真正切实有益的探索。

（二）"中立国"模式的技术创新与法律尝试

"中立国"模式系浙江省大数据联合计算中心创设的隐私计算合规

技术整体方案，经中国数安港数据安全合规管理委员会评审通过，取得合法合规的"联合计算场景评审证书"，由政府审计监督，实现"数据可用不可拥，安全可见又可验证，结果可控可计量"的目标。在"中立国"模式下，数算中心采用"三审核、三隔离"的方式实现全过程安全合规、安全隔离，并由政府各部门参与全程监督审计，参见图1。

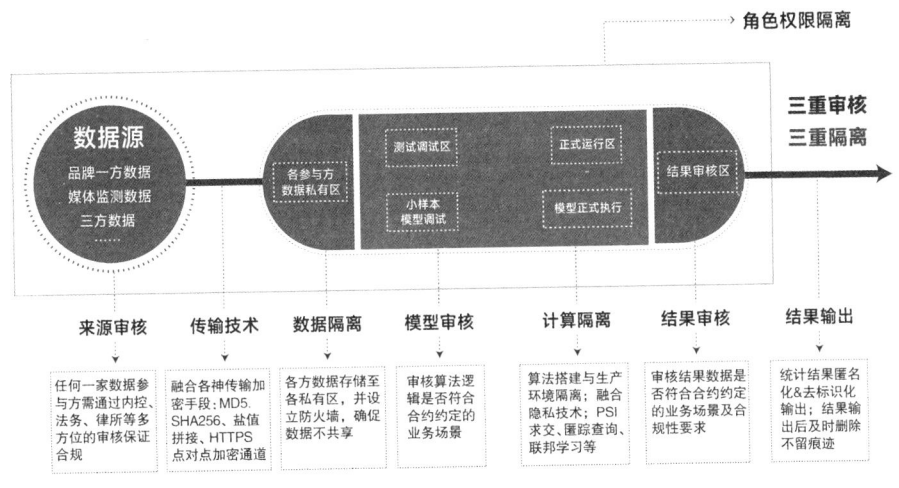

图1 "中立国"大数据联合计算平台

具体而言，"中立国"联合计算平台在计算过程中，原始数据经去标识化后输入联合计算区参与计算，完成计算后会立即被删除，经审核通过的匿名化结果数据从指定路径输出，用于约定场景用途，从而提供一个隐私计算的可信可监管环境。

基于上述"中立国"平台架构，中国数安港以举行数据安全合规论证会形式通过了多方联合画像统计、多方联合建模投放、联合归因、数据定制分析服务、统计报告用于金融、向量特征增强、智能用户找回等8个场景的数据安全合规论证，为应用场景合规、数据要素市场化交易提供保障，参见图2。

299

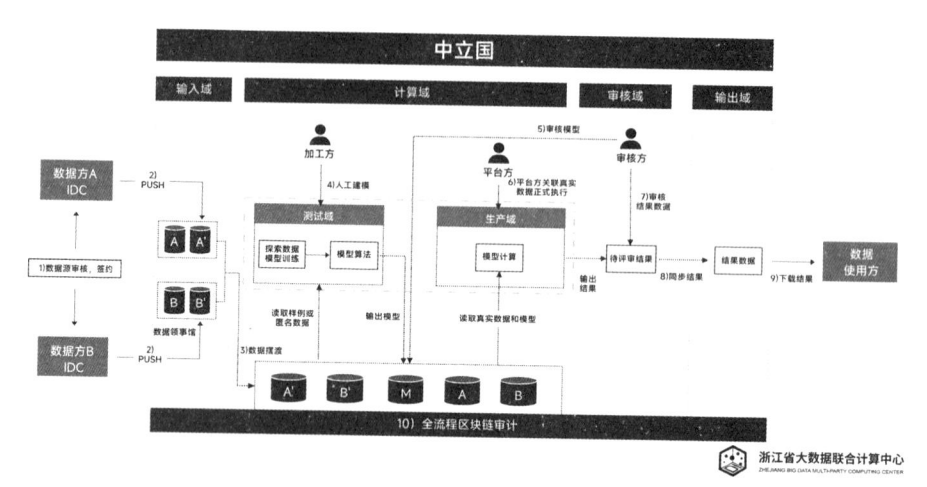

图 2 "中立国"业务流程

三、数安港场景合规评审机制

数安港，作为中国在数据安全与合规领域的一个重要平台，致力于推动数据安全和合规性的标准化、专业化发展。数安港场景合规评审机制背靠数安港，通过对提交的数据场景进行全面审查，确保场景的安全性和合规性，从而促进数据的健康发展和合理利用。这一机制不仅响应了国家关于加强数据治理的政策要求，也满足了市场对于数据安全保障的迫切需求。数安港通过汇聚数据处理链路上多方需求，依托强大的专家团队，经过长期探索实践，形成了一套标准化、可视化的场景合规评审流程，即"申报材料提交—预审—意见反馈—专家初审会—现场评审会—工作组审议会—颁发证书"。其一，提交。根据《中国数安港数据安全合规认证管理办法（试行）》的规定，提交评审材料。其二，预审。预审小组开展预审工作并起草预审结论表。其三，反馈。评审材料发送至评审专家及数据安全合规工作组，在规定时间内反馈对申报材料的初步意见。其四，初审。参与本次现场评审的专家召开初审会，集中讨论初步评审意见。其五，评审。召开现场评审会，由申报单位详细介绍数据项目内容，专家组确定评审结论及整改建议。其六，审议。数据安全合规工作组再次审议数据项目材料与专家评审结论。整个过程参见图3。

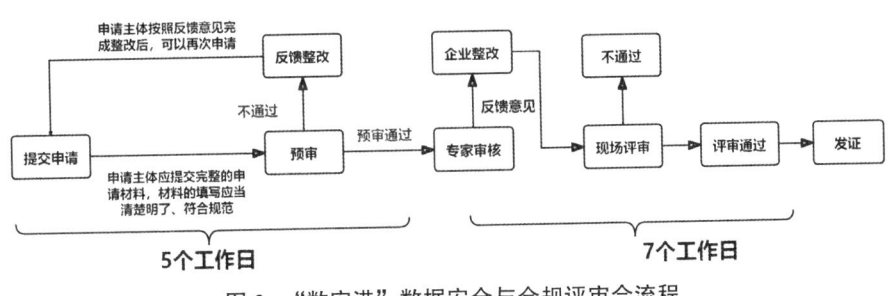

图3 "数安港"数据安全与合规评审会流程

四、数安港典型案例

（一）数智绿波场景

绿波带（干线协调）是交通控制与优化领域中一项重要手段，可有效改善城市道路交通情况，加强通行能力，提升驾驶体验。传统绿波建设工作以人工为主，存在绿波效果难监测、绿波方案难管理、绿波成果难保持几个方面的问题，无法做到绿波的全域覆盖与有效管理。因此，需要引入多方数据联合计算与融合治理来提供有效的"数智绿波解决方案"。

数智绿波场景相关数据提供方包括：（1）绿波承建单位（如云通数达），主要提供基于互联网的交通数据、地图数据等，用以计算路段/路口级交通流量、车速等指标；（2）交管部门（如温州市交管局），主要提供道路渠化数据、灯态数据、脱敏的交通采集设备（如卡口、电警）数据、浮动车（如公交车、出租车等）数据等，以供计算更准确、更实时的相关交通指标；(3)第三方效果监测单位（如高德地图），主要提供绿波路线的相关效果指标数据（如车速、路口停车率等），以监控绿波效果；(4)第三方交通数据提供单位（如北理新源），主要提供车辆车速等数据，并通过联合计算输出路段/路口级车速等指标数据。

数据使用方主要是绿波承建单位，使用输出的路段/路口级车速等指标数据，用以绿波方案的自动生成、精细调整与效果监控。

相关技术与算法包括：(1)轨迹补全算法（用于获取车辆的行程轨迹数据）；(2)基于浮动车数据的停车次数和包含停车、不停车车速的计算算法（用于计算绿波路线的停车次数）；(3)绿波方案推荐算法（用于对绿波路线进行方案快速设计）。

数智绿波产品的应用，可对社会民生与城市经济产生显著的正向作用。在民生层面，据温州、杭州等多地的优化效果数据表明，数智绿波产品的有效应用可使高峰期通勤时间缩短15%—20%，平峰期通行时间缩短30%左右，相当于为市民每天省出15—20分钟的有效时间。

而在经济层面，数智绿波产品的有效应用可提高道路通行效率，可以提升车速20%左右，相当于增加1条车道（以500万/公里的道路拓宽成本计算，每建20条绿波可为政府节省约2亿元的开支）。同时，也彰显了温州城市数字化、智慧化治理水平。

（二）汽车行业大数据智慧营销场景

随着中国车市的竞争越发激烈，汽车客户群体也面临不断细分，传统的营销方式已经无法满足车企需求，车企提出要做到精准营销，精准广告投放成为重要课题。如何精准为车企整体甚至细分到具体车型、车系、SUV、MPV、混动车等品类找到各自的购买客户群体，快速吸引客户留资、购车以及引流到私域客户成为车企营销核心目标。汽车行业精准广告投放服务基于机器学习算法，结合多方数据，帮助车企找到本品不同产品的高购买意向人群，从而在广告投放中实现精准触达，实现提升车企ROI目标。

数字营销时代，车企在进行广告投放中，通常会遇到各类与精准定向相关的问题：（1）如何科学平衡人群精准度和覆盖率，用更小的成本覆盖更大比例的精准用户；（2）如何在广告投放前有效预测投放的质量与稳定性；（3）如何在广告投放中针对不同车型、车系、车型大类做到精细化投放，对不同媒体的投放和最终的运营目标进行优化，以提升有效线索量、到店量、成交量、私域客户引流数等效果指标。

建模投放的解决方案可以有效针对上述问题：基于车企某车型、车系或者整体品牌的一方样本建模，从亿万流量池中找到与车企整体品牌、具体车型、车型大类如SUV、MPV、混动车型等消费者特征相似度最高的用户优先级投放，并在投放过程中进行动态归因，为下一次投放做优化准备。利用模型投放可以助力车企减少广告资源的无效投入，实现营销过程中的降本增效。

相比传统投放，建模投放的优势包括：（1）通过机器学习替代人工决策，让精准定向的过程更科学；（2）可以通过同一车企品牌不同的车型或者不同类别车型（SUV、MPV、混动等）进行建模，满足更精细化营销的需要；（3）投放前可以通过模型算法预判投放质量，投放后可以二次迭代优化模型，同时能够校正不同品牌、细分车型或者车型大类的目标客户群体，校准下一轮投放。

数据百案分析

多方联合建模相比单方建模最大的优势在于可以结合不同多方数据的特点。机器学习模型可以更全面地挖掘目标用户的多维度潜在特征，并结合多方数据源的模型参数，智能预测高价值潜客户，提高营销效果，实现更优转化。